史家讲史

梁满仓 ◎ 著

三国史新论

华夏出版社
HUAXIA PUBLISHING HOUSE

图书在版编目（CIP）数据

三国史新论 / 梁满仓著 . -- 北京：华夏出版社有限公司，2024.8.--（史家讲史）. -- ISBN 978-7-5222-0728-5

I.K236.07

中国国家版本馆 CIP 数据核字 2024RN9935 号

三国史新论

著　　者	梁满仓
责任编辑	董秀娟
责任印制	周　然

出版发行	华夏出版社有限公司
经　　销	新华书店
印　　装	三河市万龙印装有限公司
版　　次	2024年8月北京第1版 2024年8月北京第1次印刷
开　　本	880×1230　1/32
印　　张	7.75
字　　数	205千字
定　　价	58.00元

华夏出版社有限公司　地址：北京市东直门外香河园北里4号　邮编：100028
网址：www.hxph.com.cn　电话：（010）64663331（转）
若发现本版图书有印装质量问题，请与我社营销中心联系调换。

前　言

滚滚历史长河，逝去的是岁月，留下的是在逝去岁月中人们各种活动的印记。三国是历史长河中的一段，而且是雄浑瑰丽的一段，它所留下的政治、军事、社会、文化的种种印记，一直吸引着各个历史时期人们的关注目光。

先师朱大渭先生在电视连续剧《三国演义》播出之际对采访他的记者说："为实现新的统一而出现的群雄并起，逐鹿中原，只是三国历史的一个方面。实际上，六朝时期中央集权下的三省制、地方刺史和督军制、门阀士族制、北方流民向南方和边区大迁徙、民族大融合、屯田、占田、均田制、户调租税制、奴客制、儒家独尊转为百家争鸣，中外文化交流频繁，佛教和道教的兴盛，从而在文化上出现了自觉趋向型、开放融合型、宗教鬼神崇拜型、地域型等文化特征，所有上述时代特征，大体上都是从东汉末和三国历史开端的。"[①] 长期以来，三国历史研究历久弥新，三国文化研究和传播日益广远，"三国热"温度不降反升，从上述朱大渭先生的话中，可以对这种现象做出合理解释。

三国历史研究、三国文化研究和传播以及"三国热"，是

---

① 朱大渭：《六朝史论续编》，学苑出版社，2008 年，第 69 页。

不尽相同又互相联系的三个层面，其中三国历史研究是根，三国文化研究是历史研究的文化延伸，"三国热"是前二者的成果与广大人民群众结合以及三国爱好者积极参与的结果。三者的关系如此，亦见三国历史研究的基础地位和决定作用。

三国至今的历史有多长，三国研究的历史就有多久。三国历史研究历久弥新，是由人们对历史真相的追求所决定的。历史研究是求真的科学，但由于历史不可再现的特性，历史之真只能在历史留下的痕迹中寻找，在文献和文物中寻找。寻找历史之真是一项十分艰难的工作。首先，历史之真有多如繁星的内容：人物之真、事件之真、制度之真、思想之真、习俗之真、衣食住行之真、婚丧嫁娶之真……这些还只是大的范畴，具体范畴还可以细分。如制度，包括政治制度、经济制度、军事制度等。政治制度又包括官僚制度、监察制度、行政制度、选拔制度等。所有这些都有寻求历史真实的必要。其次，每一个历史之真都分别隐藏在众多文献或文物中，某种文献或文物所承载的是历史真实的碎片，需要把众多碎片搜集在一起加以组合分析加工，才有可能接近历史的真实。第三，即使如此，也不能说就完全还原了历史真实，因为文献或文物也是有局限性的。因此，历史的真实就像哲学上的绝对真理一样，人们的研究探索只能无限地接近它，而不能握住它。寻求历史之真是没有穷尽的过程，也是历史研究的魅力所在。

寻求历史之真也是一个不断出新的过程。"真"与"新"如影随形。"新"不是标新立异，不是为新而新。新是新发现，新的考古发现，新的文献材料发现，对旧文献价值的新发现，都会使研究向历史的真实接近一步。

本书是一部三国历史研究性质的著作，分别涉及魏蜀吴三国的政治、军事、人物、事件、文化、家族等方面。"新论"的含义有三个方面：

第一，所谓"新"不是时间概念，而是指观点和结论。书中收录的有些文章写作时间比较早。如《论吕布与董卓的关系——兼论吕布的"反复无常"》是十年前写的，把吕布和董卓的关系放到汉末大的时代背景去考察，对吕布"反复无常"的传统评价作了新的解读，对吕布诛除董卓的行为作了肯定的评价。这些无论从研究视角还是观点结论，在今天看来也还有新意。又如《关羽读〈春秋〉背景刍议》，从《三国志·关羽传》注引《江表传》"羽好《左氏传》，讽诵略皆上口"的记载入手，指出了这个现象的历史背景，即汉末三国时期，阅读《春秋》蔚然成风，许多政治家、军事家把《春秋》应用于社会政治、军事及其他领域，体现了古文经学经世致用传统。关羽作为刘备政治集团中的重要成员，肩负着兴复汉室统一天下的历史使命，他是独当荆州一面的军事统帅，面临着北伐曹魏、处理与东吴关系等复杂而艰巨的任务。受社会风气的熏染，他熟读《春秋》是时代、社会使然，但其动机重在用《春秋》的历史经验为现实生活提供借鉴，指导军事活动和培养道德情操，而不在《春秋》学问本身。文章写作时间比《论吕布与董卓的关系》还要早几年，但其观点及论述今天看来亦不显陈旧。

第二，根据新的考古发现而作的文章。2009年底河南考古队对安阳西高穴村曹操高陵的挖掘取得了重大成果，国家文物局组织有关方面专家在安阳召开论证会。参加论证会的有考古学家黄景略、李伯谦、安佳瑶，文字学家郝本性，史学家朱绍侯，我也有幸参与了论证。经过对出土石牌、渠枕、玛瑙、金饰等文物的考察，与会专家一致认为，西高穴村的二号墓就是魏武王曹操的墓葬。十多天后，河南省文物局和安阳市政府在北京亚洲大酒店召开"安阳西高穴大墓考古发现新闻发布会"。消息一经发布，在社会上引起了强烈反响，肯定的、否定的、质疑的，各种声音和态度此起彼伏，一时成为社会热点。在此期间，我写了《论曹操墓出土的部分文物与历史文献的关系》《关于"曹魏"的几个概念》《从知识含量看鲁潜墓志的真实性》《论曹操墓文字证据的真实性——兼评学术讨论中的学风问题》等文章。这些文章从材料、内容到观点、结论都体现了一个"新"字，对推动曹操高陵的科学论证起了推动作用。

第三，新思考、新角度、新出炉的"全新"文章，这是"新论"的重点。在全国性的"三国热"中，我参加了临沂、沂南、桂林、兰溪、安吉、南昌、亳州、襄阳、南阳、汉中、勉县、成都等地的三国文化学术活动，也参与了诸如四川诸葛亮研究中心、成都天府文化传承发展促进会、北京唐藤中日三国文化交流与旅游推进中心等政府或民间学术团体的活动。在这些活动中，我感受到各方对我的信任和厚望，然而我近十年学术关注的重点在魏晋南北朝礼仪制度和思想史方面，三国研究的新成果不多。为了不辜负这种信任和厚望，近年来我又细读了一遍《三国志》和其他的有关文献，对人们熟知的问题从新角度进行新思考，提出人们还未关注到的问题并进行论证，写出了一系列三国历史的研究文章。这些文章有如下特点：

在人们熟知的老问题中发现新问题，得出新结论。例如关于荀彧和曹操的关系，很多人都进行过考察和论证。一般论者认为二人是主从关系，是有共同理想长期主倡臣随的关系，或者说荀彧为曹操服务忠心耿耿，发现曹操野心后分道扬镳。前一种说法无法解释既然二者有共同理想而又主倡臣随，为什么荀彧会在曹操暗示下自杀？后一种说法也不能解释，荀彧跟随曹操十七年，以他的聪明为什么最后才看出曹操的野心？实际上，荀彧之死是因为他有始终如一的政治立场和诉求，始终试图把曹操的政治发展纳入自己设计的轨道，而曹操也有自己的政治目标和诉求，二人在不同的政治立场和诉求下，展开一场智慧的较量。《荀彧曹操关系新论》一文，对这场智慧的较量过程、回合、策略及结果做了深入细致的考察和论述。

  在人们熟知的现象中挖掘背后的根源。魏明帝统治时期曹魏王朝达到了全盛，曹叡对内依靠钟繇、华歆、王朗、陈群一类的名士大族，使政局稳定；对外固守关陇、淮南一线，抵御了蜀汉的北伐和孙吴的进攻，成功地实行了战略防御方针，又派司马懿率军讨灭辽东公孙渊，扩大了曹魏统治的疆域。然而他去世后，曹魏政权便迅速走下坡路。人们多见皇帝弱小、司马氏权重等显而易见的表面现象，对深层次的原因很少有进一步探究。如果深入思考便可发现，曹魏政权断崖式的衰败，在魏明帝时期就埋下了种子。魏明帝有"三不明"：其一，理政不明。当时三国政权鼎峙，天下未一，吴蜀两国均非割据偏安之辈，而是各自寻求强国，积蓄政治、军事力量，以为统一天下的资本。在这种形势下，曹叡本当也把富国强兵放在首位。而他却大兴土木，损耗国力，不明当政的首要任务。其二，识人不明。表现在对刘晔、秦朗、刘放、孙资等人的态度上。刘晔为人谄媚渎职，秦朗平庸无能，孙资、刘放谄谀顺主，倾国害时，却都被明帝加以重用。其三，托孤不明。魏明帝临终托孤，由以前的数人辅政变成二人辅政，从辅臣间的互相牵制以保持力量平衡变成了二人生死决斗最后一人独大。因此，先是司马懿被剥夺实权韬光养晦，接着高平陵政变曹爽惨遭灭门，最后政归司马氏，其源头都在曹叡托孤不明。《魏明帝不明》一文，深入论证了魏明帝的"三不明"，指出物极必反，全盛即意味着向衰败的转折，而曹叡的理政不明、识人不明、托孤不明，正是转折的逻辑起点。

　　对历史人物及行为做出新评价。谯周是三国历史上著名人物，他最突出的事迹是促成了蜀汉向曹魏投降。对于谯周此举，历史评论褒贬不一。骂他丧权亡国投降变节的观点过于陈旧，比较客观公允的新观点有这样一些：有的认为谯周对统一和安定的渴望，对人民疾苦的切实关注，是谯周劝降的根本动因；也有的从当时的形势论述谯周主降，指出当时的形势是司马氏政权方兴未艾，蜀汉政权却已显劣势，故斟酌外势内情，蜀汉败亡不过早晚之事，既如此，莫若择机而降，害取其轻。这些分析各有道理，但都失于片面。本书中《谯周为什么主张投降》一文指出，谯周有深厚的儒学修养，而大一统是儒家的传统观念，谯周深受这种观念的影响。生活在汉末天下分裂局面中，谯周希望结束战乱天下统一。谯周开始把统一的希望寄托在蜀汉政权，在诸葛亮去世十多年以后，谯周的思想发生了变化，这个变化与当时形势的变化有密切关系。在蜀汉政权内部，由于诸葛亮、蒋琬等人的相继去世，人才非常缺乏，不断地对曹魏用兵又大大消耗了国力。陈祗当政后，虽然位在姜维之下，但姜维常年领兵在外，远离朝廷，陈祗对上逢迎取悦于后主，对下与宦官黄皓互为表里，宦官黄皓开始干预政事，蜀汉的政治正走下坡路。蜀汉所面临的外部环境也发生了很大变化。在孙吴，孙权末年的太子之争加剧了政局动荡，孙权去世后，后继者昏庸无能，不能成为蜀汉抗曹的外援力量。在曹魏方面，以司马氏为代表的士家大族势力已经崛起，在镇压了一系列政治上的反对势力后，政治上日益稳定，军事上日益强大。这些都是导致谯周思想变化的原因。尽管谯周对蜀汉的信心前后有所变化，但他对天下统一的追求和向往一直没有变，顺应统一大势，正是谯周主张投降的根本原因。

收入本书的这类文章还有《司马氏代魏与权力继承》《智囊桓范的虑计之失》《庞统与诸葛亮处世格局的差异》《孙氏父子与朱氏豪族》《三国孙吴对交州的经营与对外交流》等，这些文章无论是从选题、视角、观点还是从写作时间上说，都可称得上是"新"。这类全新的文章占全书的大部分，再加上根据新的考古发掘材料所写新文章和有新观点新结论的旧文章，组成《三国史新论》，算得上名实相符吧！

"新松恨不高千尺"，奉献给读者的这些"新论"，我当然怀有让它长得高、长得快的热切希望，但我又知道，栉风沐雨，新松才能茁壮；读者的批评雅正，"新论"才能成熟。诚恳希望读者对《三国史新论》中不成熟乃至错误的地方给予指正，并致挚谢。

梁满仓
2024 年 4 月
于北京大兴寓所

目 录

- 001 | 论吕布与董卓的关系
  ——兼论吕布的"反复无常"
- 021 | 荀彧曹操关系新论
- 045 | 论曹操墓文字证据的真实性
  ——兼评学术讨论中的学风问题
- 065 | 魏明帝不明
- 083 | 司马氏代魏与权力继承
- 093 | 智囊桓范的虑计之失
- 103 | 关羽读《春秋》背景刍议
- 119 | 《隆中对》的成功与失误
- 139 | 庞统与诸葛亮处世格局的差异
- 151 | 辨诸葛亮《后出师表》真伪及其意义
- 165 | 谯周为什么主张投降
- 179 | 诸葛亮的八阵图及其应用
- 197 | 孙氏父子与朱氏豪族
- 213 | 三国孙吴对交州的经营与对外交流
- 221 | 三国历史的谢幕人

论吕布与董卓的关系
——兼论吕布的「反复无常」

人物画像石（东汉），河南南阳卧龙区麒麟岗汉墓出土

人们评价吕布，历来都认为他天性反复无常，桀骜难养。其最主要的证据，就是他和董卓的关系。西晋陈寿说吕布"轻狡反覆，唯利是视"①。南朝宋范晔说"布亦翻覆"②。南朝梁萧介说："臣闻凶人之性不移，天下之恶一也。昔吕布杀丁原以事董卓，终诛董而为贼。"③宋苏辙也以吕布杀丁原、董卓之事比附吕慧卿之奸："昔吕布事丁原则杀丁原，事董卓则杀董卓。"④所有这些评论，概括起来有两层意思：一，吕布杀丁原、董卓是因其反复无常；二，这种反复无常是其天性如此。笔者以为，这种认识只看到了事物的表面现象，并没有触及本质，因而是不准确、不科学的。吕布杀丁原、董卓，是因其反复无常，还是有复杂的社会政治原因？反复无常是天性，还是社会政治因素与个人素质综合作用的结果？本文欲就这两个问题略陈管见，以就正于方家。

一、吕布投靠董卓是对其政治作用的认同

　　毫无疑问，从总的影响来看，董卓是使东汉末期社会更加动荡不安、百姓生活更加水深火热的独夫民贼。但一开始，董卓并不是以这种形象出现的，他是朝中士大夫集团借以诛除宦官势力的希望所在。董卓本人也是反对宦官专权的。汉灵帝中

---

① 《三国志》卷七《魏书·吕布传》陈寿评。
② 《后汉书》卷七十五《吕布传》范晔评。
③ 《梁书》卷四十一《萧介传》。
④ 《宋史》卷四百七十一《奸臣·吕慧卿传》。

平五年（188），朝廷征时任并州刺史的董卓入朝任少府，董卓即上书推辞，他说："凉州扰乱，鲸鲵未灭，此臣奋发效命之秋。吏士踊跃，恋恩念报，各遮臣车，辞声恳恻，未得即路也。辄且行前将军事，尽心慰恤，效力行陈。"① 此时的朝廷虽然由于黄巾起义的爆发已下令解除党锢之禁，但宦官仍在专权，董卓拒不入朝，固然是不愿意放弃手中的兵权，但也表示了不愿与宦官势力为伍的态度。灵帝死后，即位的少帝年仅十四岁，由于皇帝幼小，何太后临朝，何太后的哥哥大将军何进与后将军袁隗共辅朝政。何进秉政后，与宦官集团的矛盾更加尖锐，谋诛宦官而太后不许，乃私呼董卓将兵入朝，以胁太后。"卓得召，即时就道。"② 这种与前次推辞截然相反的积极态度，足以反映董卓诛除宦官的政治立场。除此而外，董卓此次进京，鲜明地打出了反宦官的旗帜，他给朝廷的表章说："臣伏惟天下所以有逆不止者，各由黄门常侍张让等侮慢天常，操擅王命，父子兄弟并据州郡，一书出门，便获千金，京畿诸郡数百万膏腴美田皆属让等，至使怨气上蒸，妖贼蜂起。臣前奉诏讨於扶罗，将士饥乏，不肯渡河，皆言欲诣京师先诛阉竖以除民害，从台阁求乞资直。臣随慰抚，以至新安。臣闻扬汤止沸，不如灭火去薪，溃痈虽痛，胜于养肉，及溺呼船，悔之无及。"③ 要彻底铲除宦官势力，根除长在朝廷政治肌体上的毒瘤，这可看作董卓进京的政治宣言。

诛除宦官在当时无疑是一件得人心的事，尤其得到朝廷内

---

① 《三国志》卷六《魏书·董卓传》裴注引《灵帝纪》。
② 《后汉书》卷七十二《董卓传》。
③ 《三国志》卷六《魏书·董卓传》裴注引《典略》。

士大夫集团的支持。东汉中后期，宦官专政一直是当时社会政治生活中的一大弊端。宦官的权力非常大，他们"手握王爵，口含天宪"，"举动回山海，呼吸变霜露"。对他们阿旨曲求者，则有光宠三族之荣；直情忤意者，即遭参夷五宗之祸。①宦官们的飞扬跋扈遭到了朝中士大夫集团的反对，士大夫集团同声相求，"互相题拂，品核公卿，裁量执政"②，以诛除宦官、澄清政治为己任，因此也遭到了宦官集团的报复。在桓帝、灵帝时期，宦官们把这些士大夫宣布为"党人"，先后制造了两次"党锢之祸"。这些党人轻者遭终身禁锢，不许为官，重者则身陷囹圄，惨遭杀害。董卓进京后，"乃与司徒黄琬、司空杨彪，俱带铁锧诣阙上书，追理陈蕃、窦武及诸党人"，为党人平反昭雪，并恢复他们的爵位，擢用他们的子孙。史载当时染党锢者被举为列卿，"幽滞之士，多所显拔"。汉阳人周珌任吏部尚书，汝南伍琼任侍中，郑太任尚书，何颙任长史，荀爽任司空，韩馥任冀州刺史，刘岱任兖州刺史，孔伷为豫州刺史，张咨为南阳太守。③可见，董卓反对宦官的态度是得到当时很多人的支持和认可的。

吕布也是反对宦官的。《后汉书·吕布传》记载，吕布字奉先，五原九原（今内蒙古包头市西北）人，善弓马，有勇力。并州刺史丁原为骑都尉，屯河内，吕布任其主簿，甚见亲待。灵帝崩，丁原受何进召，将兵诣洛阳，为执金吾。丁原受何进之召，带兵进洛阳，是否与董卓受召同时？其使命是否与

---

① 《后汉书》卷七十八《宦者列传序》。
② 《后汉书》卷六十七《党锢列传序》。
③ 《后汉书》卷七十二《董卓传》。

董卓相同？回答应该是肯定的。《三国志·吕布传》对此记载得尤为明确："灵帝崩，原将兵诣洛阳。与何进谋诛诸黄门，拜执金吾。"袁宏《后汉纪》也记载，何进劝太后诛除宦官遭拒绝后，袁绍对何进说："形势已露，将军何不早决？事久变生，复为窦氏矣。"于是何进以袁绍为司隶校尉，王允为河南尹，乃召武猛都尉丁原、并州刺史董卓将兵向京师，以胁太后。可见丁原与董卓进京的时间相同，使命相同。时吕布正在丁原军中，也一定参加了进京除宦官的行动，其反对宦官的态度由此可知。

反对宦官是吕布投靠董卓的政治基础。在这个基础上，董卓对吕布的争取是实现这种投靠的重要环节。

董卓出生在陇西，性粗猛有谋，膂力过人，以健侠知名。其手下的军队多由凉州的武勇之士组成，号为天下强勇。然而董卓进京，除了清除宦官外，还要使天下畏服其所作所为。而要使天下畏服，仅靠手中的凉州兵，力量显得有些单薄。史载董卓初入京城，"步骑不过三千，自嫌兵少，恐不为远近所服，率四五日辄夜潜出军近营，明旦乃大陈旌鼓而还，以为西兵复至，洛中无知者"[①]。董卓大摆疑兵阵，正是其兵力不足的生动写照。然而摆疑兵阵毕竟只能应付一时，扩充自己的实力才是长久之计。为了扩充实力，董卓在兼并了何进及其弟何苗先所领部曲之后，矛头自然指向了丁原所领的并州兵。

并州兵在当时是与凉州兵齐名的另一支劲旅。史载并州太原"人性劲悍，习于戎马。离石、雁门、马邑、定襄、楼烦、

---

① 《后汉书》卷七十二《董卓传》。

涿郡、上谷、渔阳、北平、安乐、辽西，皆连接边郡，习尚与太原同俗，故自古言勇侠者，皆推幽、并云"[1]。吕布、张扬、张辽等三国名将，当时均在并州军中，为丁原部将。丁原本人也是一名骁将。史载他"本出自寒家，为人粗略，有武勇，善骑射。为南县吏，受使不辞难，有警急，追寇虏，辄在其前。裁知书，少有吏用"[2]。这样一支部队，董卓要想用武力强行兼并谈何容易。而且，即使强行兼并能够消灭丁原，也要付出沉重代价，从而使自己实力大大削弱。这样的结果是董卓不想得到的。因此，他采用了分化的办法，即诱使吕布杀掉丁原而并其众。

毋庸讳言，董卓诱使吕布杀丁原，肯定许给他一定的好处，这点从吕布后来在董卓处所受待遇可得到证实。除了以利相诱之外，董卓还有没有采用其他手段呢？这点史书上没有详细记载，但我们可以通过对一些事件的分析看出端倪。早在桓帝末，董卓就已任并州刺史，兼河东太守。汉灵帝中平年间，董卓又先后带兵击张角黄巾于下曲阳，征边章、韩遂等于凉州。此时并州之位出现空缺，丁原正补其空。及灵帝中平六年（189），又下令拜董卓为并州牧，令以兵属皇甫嵩。董卓上书言曰："臣既无老谋，又无壮事，天恩误加，掌戎十年。士卒大小相狎弥久，恋臣畜养之恩，为臣奋一旦之命。乞将之北州，效力边垂。"于是驻兵河东，以观时变。[3] 董卓上书，虽多推托之词，但他所推只是以兵属皇甫嵩，从其"乞

---

[1] 《隋书》卷三十《地理志中》。
[2] 《三国志》卷七《魏书·吕布传》裴注引《英雄记》。
[3] 《后汉书》卷七十二《董卓传》。

将之北州"、驻兵河东来看,他并没有推掉并州牧之职。此时丁原亦为并州刺史、骑都尉,屯兵河内,出现一州二主的局面。无论是丁原还是董卓,谁也不会自动放弃并州刺史之职。因为在此前一年,朝廷由于无力对全国进行有效的行政控制,便采纳刘焉的建议,"选列卿、尚书为州牧,各以本秩居任",开了州牧权重的先河①。担任并州刺史,就意味着掌握了一州的军事、行政大权。要确定董、丁二人谁任并州刺史,或者要进行一场恶斗,或者一方阵营内起变化。董卓在以利相诱的同时,肯定也要吕布在二者间选择其一。吕布是反对宦官的,所以当他处在上述选择中时,所考虑的除了自身的利害之外,恐怕还有反对宦官的大局。在诛除宦官这点上,董卓所起的作用显然要比丁原重要。据史书记载:"何进欲诛中常侍赵忠等,进乃诈令武猛都尉丁原放兵数千人,为贼于河内,称'黑山伯',上事以诛忠等为辞,烧平阴、河津莫府人舍,以怖动太后。"②丁原虽与董卓同受何进之召,但他只是在外围骚扰,为诛除宦官制造声势,而董卓却直接带兵进京,可见二者作用的区别。所以吕布选择的天平自然要向董卓倾斜。

二、吕布诛杀董卓是二人政治上分道扬镳的结果

如果董卓把自己的使命仅仅局限于诛除宦官,那么他在东汉末的政坛上或许还有些作为。但董卓不是政治家,他寡于

---

① 《资治通鉴》卷五十九《汉纪·灵帝中平五年》。
② 《后汉书》卷七十三《公孙瓒传》注引《续汉书》。

学术，是一个崇尚暴力、嗜杀成性的野心家、军阀。董卓的政治野心萌生于进京途中。史载他到洛阳城西，闻少帝被宦官劫持到北邙，因往奉迎。"帝见卓将兵卒至，恐怖涕泣。卓与言，不能辞对；与陈留王语，遂及祸乱之事。卓以王为贤，且为董太后所养，卓自以与太后同族，有废立意。"①他在兼并丁原之后，掌握了号称天下强勇、为百姓所畏的并、凉之军，又以匈奴、屠各、湟中义从、西羌八种等胡人军队为其爪牙②，自以为天下无人可敌，便开始问鼎皇权。其标志就是他决意废少立献。当他的决定遭到袁绍等人的反对后，他回答说："刘氏种不足复遗。"③对此，胡三省评论道："卓意欲废汉自立。"④可谓一语道破问题实质。

东汉皇权虽已摇摇欲坠，但历史证明，要想彻底取代它，必须具备两个条件。第一，要有足够的实力。所谓足够的实力，形象地说，得具有像曹操称王时的力量。曹操于建安二十一年（216）称魏王，具有皇帝所应有的权力，享受皇帝所应有的待遇，只差一个皇帝的名号。此时的曹操，手中掌握雄兵百万，天下十五州占有十一个半，只有孙吴、蜀汉两个政权占据三个半州与之对峙，已经没有什么力量能够阻止他称王。曹操做到这一切，足足用了二十多年。第二，要有意识形态方面的变化。东汉时期，由于统治阶级的提倡，皇帝君权神授、天子应天受命的观念深入人心。汉末，冀州刺史王芬等人

---

① 《后汉书》卷七十二《董卓传》。
② 《后汉书》卷七十《郑太传》。
③ 《后汉书》卷七十四《袁绍传》。
④ 《资治通鉴》卷五十九《汉纪·灵帝中平六年》胡注。

谋与曹操一起废灵帝，曹操拒绝说："夫废立之事，天下之至不祥也。""今诸君徒见囊者之易，未睹当今之难。"① 曹操所说之难，当包括天命在汉的观念难以动摇之意。而天命在汉观念的动摇绝非一朝一夕之事，意识形态的变化是一个缓慢的过程。所以，直到曹氏代汉的前夕，宣扬天将弃汉的舆论工作一直没有停止。② 这两个条件，董卓当时一个也不具备。他在诛除宦官之后继续向前迈进的一步，超越了当时历史条件的限制。这超前的一步，使他失去了脚踏实地的根基，也决定了他必将跌得粉身碎骨。

董卓试图代汉的行为，在当时确属冒天下之大不韪。此举一出，立刻招致众人的反对。京兆尹盖勋给董卓写信说："昔伊尹、霍光权以立功，犹可寒心，足下小丑，何以终此？贺者在门，吊者在庐，可不慎哉！"③ 尚书卢植当面反对说："昔太甲既立不明，昌邑罪过千余，故有废立之事。今上富于春秋，行无失德，非前事之比也。"④ 司隶校尉袁绍的反应更加激烈，史书这样记载袁绍与董卓争论的情形：

---

① 《三国志》卷一《魏书·武帝纪》裴注引《魏书》。
② 《三国志》卷二《魏书·文帝纪》裴注引《献帝传》载："定天下者，魏公子桓（曹丕字子桓），神之所命，当合符谶，以应天人之位。""汉以魏，魏以征。""代赤者，魏公子。""汉以许昌失天下。""日载东，绝火光。不横一，圣聪明。四百之外，易姓而王。""言居东，西有午，两日并光日居下。其为主，反为辅。""鬼在山，禾女连，王天下。"所有这些谶语，都表达了汉命将终的意思，反映了此时意识形态的变化。
③ 《后汉书》卷五十八《盖勋传》。
④ 《后汉书》卷七十二《董卓传》。

卓议欲废立，谓绍曰："天下之主，宜得贤明，每念灵帝，令人愤毒。董侯（指刘协）似可，今当立之。"绍曰："今上富于春秋，未有不善宣于天下。若公违礼任情，废嫡立庶，恐众议未安。"卓案剑叱绍曰："竖子敢然！天下之事，岂不在我？我欲为之，谁敢不从！"绍诡对曰："此国之大事，请出与太傅议之。"卓复言"刘氏种不足复遗"。绍勃然曰："天下健者，岂惟董公！"横刀长揖径出。①

所有反对董卓的人迅速结成了两条战线：

一条是以袁绍为首的公开的战线。袁绍和董卓吵翻后，来到冀州，以渤海太守的名义公开起兵反董。其从弟后将军袁术、冀州牧韩馥、豫州刺史孔伷、兖州刺史刘岱、陈留太守张邈、广陵太守张超、河内太守王匡、山阳太守袁遗、东郡太守桥瑁、济北相鲍信等同时俱起，众各数万，结成反董同盟，推袁绍为盟主。②

另一条是隐蔽的战线。这条战线反对董卓，主要采取两种方式。一种是秘密配合公开的反董战线。如侍中周珌、城门校尉伍琼、议郎何颙等人，都是当时的名士，深得董卓信任，但他们都暗地里帮助袁绍。袁绍跑到冀州，董卓本想派兵缉拿之，而周珌等人却对董卓说："夫废立大事，非常人所及。袁绍不达大体，恐惧出奔，非有它志。今急购之，势必为变。袁

---

① 《后汉书》卷七十四《袁绍传》。
② 《后汉书》卷七十四《袁绍传》。

氏树恩四世，门生故吏遍于天下，若收豪杰以聚徒众，英雄因之而起，则山东非公之有也。不如赦之，拜一郡守，绍喜于免罪，必无患矣。"①结果董卓不但没有捉拿袁绍，反而拜其为渤海太守，使得袁绍能以渤海太守的名义起兵。②另一种是对董卓实施暗杀。《三国志》卷六《魏书·董卓传》注引谢承《后汉书》记载：

> 伍孚字德瑜，少有大节，为郡门下书佐。……稍迁侍中、河南尹、越骑校尉。董卓作乱，百僚震栗。孚着小铠，于朝服里挟佩刀见卓，欲伺便刺杀之。语阕辞去，卓送至阁中，孚因出刀刺之。卓多力，退却不中，即收孚。卓曰："卿欲反邪？"孚大言曰："汝非吾君，吾非汝臣，何反之有？汝乱国篡主，罪盈恶大，今是吾死日，故来诛奸贼耳，恨不车裂汝于市朝以谢天下。"遂杀孚。

董卓徙都长安后，荀攸、郑泰、何颙、种辑、伍琼等也谋划过对董卓实施刺杀③，这些行动虽均失败，但它反映出当时反对董卓代汉的斗争是多么激烈。

应当指出，在董卓实行废立之初，吕布并没有参与反董的活动，两条反董战线均与吕布无涉。但日益激烈的斗争不可能对吕布没有触动，是站在董卓一边助纣为虐，还是参加反董战线，这是吕布必须作出的选择。笔者以为，吕布最终选择了反

---

① 《后汉书》卷七十四《袁绍传》。
② 《三国志》卷六《魏书·袁绍传》。
③ 《三国志》卷十《魏书·荀攸传》。

董,因为他也反对董卓代汉自立的行径。之所以这样说,主要有以下几个理由。

第一,就在反董斗争激烈进行之际,吕布和董卓之间产生了裂痕。史载:"卓性刚而褊,忿不思难,尝小失意,拔手戟掷布。布拳捷避之,为卓顾谢,卓意亦解。由是阴怨卓。卓常使布守中阁,布与卓侍婢私通,恐事发觉,心不自安。"① 这个记载历来被人们认为是促使吕布杀董卓的根本原因。到后来,这个记载甚至被演绎成王允利用美女貂蝉离间董卓与吕布关系的故事。笔者以为,上述记载可能是导致吕布杀董卓的原因之一,但不能看作根本原因。不过这个记载倒确实反映了吕、董之间关系的裂痕。原来董卓与吕布的关系是"誓为父子"②,现在董卓因吕布小有失意便投戟相刺,大失为父之慈;吕布因守中阁之便与父之婢女通奸,少有为子之顺。父子关系荡然无存。

第二,就在反董斗争激烈进行之际,吕布和隐蔽的反董战线关系密切。王允是董卓迁都长安后隐蔽反董战线的代表人物。他一开始隐蔽得极深,当董卓迁都关中时,王允"悉收敛兰台、石室图书秘纬要者以从。既至长安,皆分别条上。又集汉朝旧事所当施用者,一皆奏之"。当时董卓尚留洛阳,"朝政大小,悉委之于允。允矫情屈意,每相承附,卓亦推心,不生乖疑"。但王允从骨子里是反对董卓的,后来董卓对此似乎有所察觉。王允曾向董卓推荐护羌校尉杨瓒行左将军事,执金吾

---

① 《三国志》卷七《魏书·吕布传》。
② 《三国志》卷七《魏书·吕布传》。

士孙瑞为南阳太守，让他们带兵出武关，名义上是讨袁术，实际上是要分路讨董卓，而后奉献帝还洛阳。董卓并没有把杨瓒和士孙瑞派出，而是"疑而留之"。[1] 还有一次，董卓问王允谁可任司隶校尉，王允便推荐盖勋。盖勋反对董卓废少立献已见前述。董卓当即就说："此人明智有余，然不可假以雄职。"便派其任越骑校尉，不久又对他典领禁兵不放心，改任他为颍川太守。[2] 可见董卓对王允产生了怀疑。就吕布和董卓的关系而言，吕布不可能不知道董卓对王允的怀疑，然而他却和王允过从甚密。史载："司徒王允以布州里壮健，厚接纳之。后布诣允，陈卓几见杀状。时允与仆射士孙瑞密谋诛卓，是以告布使为内应。"[3] 像差点被董卓所杀这样的事吕布都向王允诉说，密诛董卓这样的大事王允竟敢约吕布参加，如果不是过从甚密是难以想象的。

第三，吕布反对董卓代汉自立，可以在其他事件中找到旁证。建安二年（197），袁术在淮南称帝，置公卿百官，郊祀天地。他派使者将此事告知吕布，并请求吕布将女儿嫁给自己的儿子。吕布没有接受，并把袁术的使臣执送许昌斩首。[4]《三国志》卷七《吕布传》记载得较为详细：

> 术欲结布为援，乃为子索布女，布许之。术遣使韩胤以僭号议告布，并求迎妇。沛相陈珪恐术、布成婚，则

---

[1] 《后汉书》卷六十六《王允传》。
[2] 《后汉书》卷五十八《盖勋传》。
[3] 《三国志》卷七《魏书·吕布传》。
[4] 《后汉书》卷七十五《袁术传》。

徐、扬合从，将为国难，于是往说布曰："曹公奉迎天子，辅赞国政，威灵命世，将征四海，将军宜与协同策谋，图太山之安。今与术结婚，受天下不义之名，必有累卵之危。"布亦怨术初不已受也，女已在途，追还绝婚，械送韩胤，枭首许市。

从上述记载看，吕布反对袁术称帝是陈珪劝说的结果。当然不能否定有陈珪劝说的作用，但吕布认准了的事，他是不大能听进别人的意见的。如曹操征讨吕布，陈宫劝吕布主动出击，以逸待劳，吕布拒不接受。[①] 吕布的盟友萧建受臧霸的攻击，吕布要亲自率兵讨伐臧霸，部将高顺谏曰："将军躬杀董卓，威震夷狄，端坐顾盼，远近自然畏服，不宜轻自出军。如或不捷，损名非小。"布不从。[②] 吕布能听从陈珪的意见，说明他最终还是反对袁术代汉称帝的。孙权曾说："老贼欲废汉自立久矣，徒忌二袁、吕布、刘表与孤耳。"[③] 孙权所说"老贼"即指曹操。吕布既然反对袁术、曹操等人称帝，那他反对董卓代汉自立也应无可置疑。

三、吕布"反复无常"析

通过对吕布和董卓关系的分析，人们应当对吕布的"反复无常"有新的认识。从表面看，吕布先杀丁原，后诛董卓，确

---

① 《三国志》卷七《魏书·吕布传》裴注引《献帝春秋》。
② 《三国志》卷七《魏书·吕布传》裴注引《英雄记》。
③ 《三国志》卷五十四《吴书·周瑜传》。

实给人以反复无常的印象。但这种反复无常，绝非吕布的天性，它既反映了吕布的政治追求和对自己社会位置的曲折选择，也有着复杂的社会和政治斗争的背景。

吕布所生活的年代，天下分崩，群雄四起，战事不断，社会动荡。原有的秩序被打乱了，新的秩序正在重组，在这种重组中，人们都在寻求自己的位置。由于人们的社会理想、政治眼光、个人修养不同，寻求自己位置的方法和道路也各异。像诸葛亮那样怀宁静之心以求致远，蓄志待时以求明主的人毕竟是少数，大多数人都急于找到施展自己才干的舞台。在这种情况下，频频改换投靠对象的人绝非吕布一个。例如曹操的名将张辽，先为丁原部将，后又进京依何进，何进被杀后又以兵属董卓。董卓死后又归吕布。吕布为李傕所败，又从吕布东奔徐州。曹操破吕布，张辽将其众降。① 又如曹操的谋士贾诩，先在董卓部下任讨虏校尉，又在董卓女婿牛辅军中任职，董卓败后，又为李傕、郭汜谋士。不久又离开李傕投段煨。由于不为段煨重用，又离段煨投靠南阳张绣。他先劝张绣与刘表联合，不久又劝张绣投靠曹操。② 另一方面，有实力的集团领袖又如饥似渴地招纳人才，这也为人才选择投靠对象提供了外部诱因。

应当承认，吕布是个人才，按当时的标准，也可以称得上英雄。史载他"便弓马，膂力过人，号为飞将"③。当时人有这样的说法："人中有吕布，马中有赤兔。"④ 吕布也自恃其才而心

---

① 《三国志》卷十七《魏书·张辽传》。
② 《三国志》卷十《魏书·贾诩传》。
③ 《三国志》卷七《魏书·吕布传》。
④ 《三国志》卷七《魏书·吕布传》裴注引《曹瞒传》。

怀平定天下之志。他给韩暹、杨奉的信中说："布有杀董卓之功，与二将军俱为功臣，可因今共击破术，建功于天下，此时不可失也。"① 当他被曹操逮捕后又说："明公所患不过于布，今已服矣，天下不足忧。明公将步，令布将骑，则天下不足定也。"② 吕布在当时无论是武艺还是知名度，都非张辽、贾诩之辈可比。因此，吕布成为一些人争取的对象。陈宫对张邈说："吕布壮士，善战无前，若权迎之，共牧兖州，观天下形势，俟时事之变通，此亦纵横之一时也。"③ 这番话正反映出吕布之才及为当时所争用的现实。

　　吕布择主与张辽、贾诩等人本无本质区别，而且前者对投靠对象的离弃要少于后者。然而却偏偏是吕布落下了反复无常的名声。这可能是由于张辽等人对前主只是简单离弃，而吕布对前主则是弃而杀之。吕布并非天性好杀，造成这种区别的原因是，他只是一个有虓虎之勇的武将，并非有远见卓识的政治家，而社会的政治需要及其本身的才能，又偏偏不断地把他推向政治斗争旋涡的中心，在你死我活的政治斗争中，弃旧图新的选择只能通过弃而杀之来实现。这才是问题的实质。

四、吕布诛杀董卓的历史作用

　　吕布诛杀董卓，在历史上是一件有积极意义的事情。其积极意义主要表现在以下两点。

---

① 《三国志》卷七《魏书·吕布传》裴注引《九州春秋》。
② 《三国志》卷七《魏书·吕布传》。
③ 《三国志》卷七《魏书·吕布传》。

第一，为国为民除了一大害。陈寿说："董卓狼戾贼忍，暴虐不仁，自书契已来，殆未之有也。"① 从中平六年（189）九月废少立献至初平三年（192）四月被吕布所杀，董卓当政两年零八个月。在这短短的两年零八个月中，董卓的暴虐残忍确实前所未有。现将董卓的暴政概括如下。

实行恐怖政治。董卓进入洛阳后，整个城内毫无秩序可言。当时洛中贵戚室第相望，家家殷积。董卓纵放兵士，突其庐舍，淫略妇女，剽虏资物，谓之"搜牢"。又奸乱公主，妻略宫人，虐刑滥罚，睚眦必死，朝中百官人人自危。② 皇甫规的遗孀貌美，董卓逼娶之，皇甫氏不从，被董卓绑在车上活活打死。③ 为了威慑朝臣，董卓在郿坞宴请公卿，席间将数百名诱降来的北地反者当众杀害，手段极其残酷："先断其舌，次斩手足，次凿其眼目，以镬煮之。未及得死，偃转杯案间。"④ 他听说天象有变，将有大臣被杀，便诬蔑卫尉张温与袁术交通，遂杀之于市，以塞天变。对于反对派，他更是大行杀戮。袁绍在冀州起兵后，董卓大杀其在京城的亲属，"尺口以上男女五十余人，皆下狱死"。⑤ 时长沙太守孙坚也参加了反董联盟，董卓在抓住孙坚的颍川太守李旻后，将其活活煮死。凡是活捉的联军士卒，皆以布缠裹，倒立于地，热膏灌杀之。⑥

---

① 《三国志》卷六《魏书·董卓传》陈寿评。
② 《后汉书》卷七十二《董卓传》。
③ 《后汉书》卷八十四《列女传·皇甫规妻传》。
④ 《后汉书》卷七十二《董卓传》。
⑤ 《后汉书》卷九《献帝纪》及注引《献帝春秋》。
⑥ 《后汉书》卷七十二《董卓传》。

涂炭百姓生灵。董卓统治下的百姓也备受其残暴之苦。史载他"尝遣军至阳城,时人会于社下,悉令就斩之,驾其车重,载其妇女,以头系车辕,歌呼而还"。为避关东反董联军的锋芒,董卓驱徙京师百姓悉西入关,临行焚洛阳宫庙及人家,二百里内无复孑遗。徙往长安的数百万人口遭董卓的"步骑驱蹙,更相蹈藉,饥饿寇掠,积尸盈路"。① 当时人蔡文姬在《悲愤诗》中写道:

汉季失权柄,董卓乱天常。志欲图篡弑,先害诸贤良。逼迫迁旧邦,拥主以自强。海内兴义师,欲共讨不祥。卓众来东下,金甲耀日光。平土人脆弱,来兵皆胡羌。猎野围城邑,所向悉破亡。斩戮无孑遗,尸骸相撑拒。马边县男头,马后载妇女。长驱西入关,迥路险且阻。还顾邈冥冥,肝脾为烂腐。所略有万计,不得令屯聚。或有骨肉俱,欲言不敢语。失意机微间,辄言毙降虏。要当以亭刃,我曹不活汝。岂复惜性命,不堪其詈骂。或便加棰杖,毒痛参并下。旦则号泣行,夜则悲吟坐。欲死不能得,欲生无一可。彼苍者何辜,乃遭此厄祸!②

蔡文姬此诗,没有艺术夸张和虚构,没有臆造和想象,是一首反映当时真实情况的史诗。

---

① 《后汉书》卷七十二《董卓传》。
② 《后汉书》卷八十四《列女传·董祀妻传》。

搜刮民脂民膏。董卓掌权期间大肆铸钱，为了筹集铸钱所需铜，他除了凿坏五铢钱外，还把洛阳及长安铜人、钟虡、飞廉、铜马等铜物熔掉。货币增加，造成通货膨胀，物价飞涨，谷石数万。董卓用这种办法拼命搜刮百姓财物。据史籍记载，董卓于郿县筑坞堡，内存粮谷够三十年之用，藏有金二三万斤、银八九万斤，锦绮缯縠纨素奇玩，积如丘山。[①]

综上所述，董卓确实是给人民带来深重灾难的独夫民贼。所以，当吕布杀死董卓后，"士卒皆称万岁，百姓歌舞于道。长安中士女卖其珠玉衣装市酒肉相庆者，填满街肆"[②]。人们把他的尸体弃于街市，将他肚子内的脂肪点燃，又将他的骨灰扬洒在路上。这充分表明，吕布诛杀董卓终止了他的暴虐，是大快人心、大得人心的。

第二，避免了一场讨伐董卓的战争。董卓废少立献后，山东各路豪强结成反董联盟，当时袁绍屯河内，张邈、刘岱、桥瑁、袁遗屯酸枣，袁术屯南阳，孔伷屯颍川，韩馥在邺。"卓兵强，绍等莫敢先进。"[③] 唯独曹操率兵西进，准备占据成皋，作为进攻董卓的前沿阵地。在荥阳汴水，与董卓军发生战斗，曹操士卒死伤甚多，自己也为流矢所中，所乘马受伤，多亏从弟曹洪以马相让，曹操才得脱身。此后，曹操又到酸枣，动员张邈等人出兵攻打董卓，而张邈等人屯兵十余万，日置酒高会，不接受曹操的意见。曹操之所以主张立即出兵，是因为他担心"向使董卓闻山东兵起，倚王室之重，据二周之险，东向

---

① 《后汉书》卷七十二《董卓传》。
② 《后汉书》卷七十二《董卓传》。
③ 《三国志》卷一《魏书·武帝纪》。

以临天下。虽以无道行之，犹足为患"。[①]曹操是积极讨伐董卓的，但他当时的力量太弱，需要有一个积蓄力量的过程。由于各路豪强的迁延蹉跎，曹操所担心的局面正在形成，讨董战争正在朝着日益持久的方向发展。等到曹操的力量坐大，曹操所担心的局面恐怕早已大势铸成。这意味着讨董战争将是一场长期严酷的恶战，中原还要遭受不知何时才能结束的战乱，更多无辜的生命还将继续死亡。而吕布凭一人之力，使得一场讨董战争画上了句号，历史的发展少了一个曲折，这无论如何是值得肯定的。

---

① 《三国志》卷一《魏书·武帝纪》。

舞乐宴享画像石（东汉），河南南阳出土。现藏河南南阳汉画馆

荀彧曹操关系新论

荀彧是魏臣还是汉臣？历来有两种看法。[①]时至今日，史家的看法已经发生了很大变化，基本上没有人认为荀彧是魏臣，在论及他与曹魏的关系时，一般说他是曹操统一北方的功臣，是维护汉朝天下的忠臣。如王永平说："荀彧全力辅佐曹操，可谓尽忠尽责。但随着北方的渐归统一，曹操开始图谋甩掉汉献帝这个包袱，经营自己的天下。这对荀彧来说是极其残酷的，意味着他寄希望于曹操恢复东汉王朝之旧貌的愿望彻底破灭。"[②]孟祥才说："荀彧给自己设定的人生定位是：矢志忠于汉皇朝，尽自己的最大努力延续东汉国祚，宁做忠臣而惨死，不做叛臣以苟活。""他仍然给曹操预设了一个人生定位：做权臣而不做篡臣。即你可以权倾朝野，挟天子以令诸侯，甚至可以擅自废立，拥有皇帝拥有的一切权力，但是，你必须维护汉朝的皇统，将自己终生定在臣子的位置上。只要你不越过臣子的界限，我就无条件地拥护你，为你肝胆涂地而心甘情愿。不过，如果你越过了这条界限，我便与你分道扬镳，即便为此而付出生命的代价也在所不惜。"[③]这些论述无疑反映了当代学者的看法，超脱了古人"魏臣还是汉臣"的窠臼。然而这些论述把荀彧分为两截：为曹操服务忠心耿耿，发现曹操野心后分道扬镳。其实并非如此，荀彧始终是在维护汉朝的皇统，他和曹操在合作的表象下一直在暗中较量。

---

① 详见郭硕《"汉臣"抑或"魏臣"：史家笔下荀彧身份的流变》，《安徽师范大学学报（人文社会科学版）》2016年第1期。

② 王永平：《论荀彧——兼论曹操与东汉大族的关系》，《扬州大学学报（人文社会科学版）》1997年第3期。

③ 孟祥才：《论荀彧》，《史学月刊》2001年第1期。

一、荀彧对曹操的帮助

曹操是个有智慧的人,其智慧在政治、军事、思想、文学等方面体现得淋漓尽致。荀彧是曹操的谋士,"发言授策,无施不效",也是个有智慧的人。

初平二年(191),荀彧投奔曹操,曹操大悦,说荀彧是"吾之子房也"。曹操说荀彧是他的张良,从荀彧对曹操的帮助亦可见此言不虚。

兴平元年(194),曹操征陶谦,张邈、陈宫以兖州反,潜迎吕布,兖州诸城多被吕布所占,唯鄄城、范、东阿不动。荀彧让留守鄄城的程昱利用自己的威望,先后到范、东阿两城,安定那里的军心,激励将士们坚守城池,从而保存了三城,使曹操有了反击吕布的立足之地。

陶谦死后,曹操打算乘机再伐徐州。荀彧认为应当先平定吕布,如果舍吕布而东伐,多留兵则不足用,少留兵则民皆保城,不足应敌,如果吕布乘虚而入,民心益危,兖州不保。在这种情况下,一旦徐州打不下来,又失去兖州,将会陷入进退失据的险境。荀彧稳定兖州,缓讨徐州的方针,为曹操日后彻底打败吕布奠定了基础。

曹操稳定兖州、豫州后,北有袁绍威胁,东有吕布之患,西有关中与袁绍联合之忧。荀彧为曹操制定了"讨吕布,稳关中,定徐州,战袁绍"的方针。具体做法是:派钟繇前往关中,对韩遂、马超抚以恩德,争取关中最强势力,破灭袁绍争取关中的希望;然后着力攻打吕布,平定徐州,解除东、西两面的顾虑，形成全力对付袁绍的战略态势。

在与袁绍官渡对峙时，曹操因为军粮渐渐吃紧，打算退兵回到许昌。荀彧知道后提出反对意见，说："绍悉众聚官渡，欲与公决胜败。公以至弱当至强，若不能制，必为所乘，是天下之大机也。且绍，布衣之雄耳，能聚人而不能用。夫以公之神武明哲而辅以大顺，何向而不济！"[1] 官渡大胜后，曹操欲因绍新破，以其间击讨刘表。荀彧说："今绍败，其众离心，宜乘其困，遂定之；而背兖、豫，远师江、汉，若绍收其余烬，承虚以出人后，则公事去矣。"[2] 这两个建议，得到了曹操的高度重视，也得到曹操的高度评价：

> 昔袁绍侵入郊甸，战于官渡。时兵少粮尽，图欲还许，书与彧议，彧不听臣。建宜住之便，恢进讨之规，更起臣心，易其愚虑，遂摧大逆，覆取其众。此彧睹胜败之机，略不世出也。及绍破败，臣粮亦尽，以为河北未易图也，欲南讨刘表。彧复止臣，陈其得失，臣用反旆，遂吞凶族，克平四州。向使臣退于官渡，绍必鼓行而前，有倾覆之形，无克捷之势。后若南征，委弃兖、豫，利既难要，将失本据。彧之二策，以亡为存，以祸致福，谋殊功异，臣所不及也。[3]

荀彧的这两个建议，被曹操评价为"睹胜败之机，略不世出"，

---

[1] 《三国志》卷一《魏书·武帝纪》。
[2] 《三国志》卷十《魏书·荀彧传》。
[3] 《三国志》卷十《魏书·荀彧传》裴注引《彧别传》。

"以亡为存,以祸致福",可见对曹操的帮助有多大。

上述种种,都是荀彧以自己的智慧助力曹操的成功,可以说荀彧对曹操力量的壮大是有大贡献的。但是同时也可以发现,荀彧的贡献主要集中在帮助曹操扫除割据势力统一黄河流域方面。荀彧为什么要帮助曹操壮大势力扫除割据?荀彧、曹操之间的合作关系表象下,有没有暗地的较量?

二、荀彧与曹操不同的政治诉求

回答上述问题,要从荀彧、曹操的政治诉求入手。

荀彧是东汉名门之后,其祖父荀淑,是当时名贤李固、李膺的老师。父亲荀绲,是"荀氏八龙"之一。荀淑的侄子荀昱、荀昙,皆正身疾恶,志除阉宦。荀昱因参与大将军窦武谋诛宦官,与李膺同时被杀,荀昙也被禁锢终身。荀彧的叔父荀爽,也因与党人关系密切而遭十余年的禁锢。可见荀氏家族是东汉末年党人的骨干力量。党人是东汉末期兴起的以官僚士大夫为主的政治力量,他们的目的是让风雨飘摇的朝廷免于崩溃。作为荀氏家族的后代,荀彧也具有相当浓厚的党人情结。《后汉书》称,荀彧"明有意数,见汉室崩乱,每怀匡佐之义"[①]。"匡佐"即挽救辅佐,挽救汉室免于崩溃,辅佐汉室去乱达治,是荀彧的政治理想与诉求。然而荀彧"清秀通雅,有王佐之风",这种品格决定了他必定不能靠自身的力量实现政治理想,而必须依靠一个杰出的政治家所领导的军事集团。因

---

① 《后汉书》卷七十《荀彧传》。

此，荀彧选择了曹操。

荀彧选择曹操，首先是因为曹操的名声。东汉末期，人物品评大行其道，善于观察臧否人物的清议领袖对人物的品评，使得一些人才脱颖而出，名声大振。许劭评价曹操为"清平之奸贼，乱世之英雄"。① 南阳襄乡何颙见过曹操后说："汉家将亡，安天下者必此人也。"② 李膺的儿子李瓒，临死前对儿子李宣等人说："时将乱矣，天下英雄无过曹操。张孟卓与吾善，袁本初汝外亲，虽尔勿依，必归曹氏。"③ 太尉桥玄见到曹操后说："今天下将乱，安生民者其在君乎！"④ 可见在东汉末士人眼中，曹操是英雄，是他们寄托安定汉家天下的希望所在。

荀彧选择曹操，其次是因为曹操的表现。汉灵帝光和末年，曹操任骑都尉时，讨伐黄巾军有功。任济南相时，罢免大批阿附贵戚、脏污狼藉的县吏，济南国中出现"奸宄逃窜，郡界肃然"的局面。董卓之乱起，曹操拒绝了董卓骁骑校尉之任，间行东归，在陈留散家财、合义兵，讨伐董卓。在所有关东各路讨董诸侯中，曹操是最坚定最积极的。这些举动初步显现了曹操的治理才能和安邦志向。

荀彧选择曹操，还因为他做了比较。董卓之乱后，曹操和袁绍是最具实力的两大军事政治集团。荀彧先在冀州被袁绍待以上宾之礼，后来，荀彧认为袁绍终不能成大事，便离开袁绍投奔了曹操。这一离一投，荀彧是做了认真比较的，他认为袁

---

① 《后汉书》卷六十八《许劭传》。
② 《后汉书》卷六十七《党锢列传》。
③ 《后汉书》卷六十七《党锢列传》。
④ 《后汉书》卷五十一《桥玄传》。

绍外宽而内忌，任人而疑其心，曹操明达不拘，唯才所宜；袁绍迟重少决，失在后机，曹操能断大事，应变无方；袁绍御军宽缓，法令不立，士卒虽众，其实难用，曹操法令既明，赏罚必行，士卒虽寡，皆争致死；袁绍凭世资，从容饰智，以收名誉，曹操以至仁待人，推诚心不为虚美，行己谨俭，而与有功者无所吝惜。荀彧把二者的不同归纳为度、谋、武、德四个方面的差距，这成为他选择曹操最坚实的基础。[①]

然而曹操并非平庸志短之辈，他自己说本志只想封侯做征西将军，死后在墓碑上刻"汉故征西将军曹侯之墓"就心满意足了，实际并非如此。曹操心高志大，有三件事非常典型。一件事是，曹操在参加袁术母亲的葬礼时，遇到了好友汝南人王儁。曹操看着袁绍袁术兄弟小声对王儁说："天下将乱，为乱魁者必此二人也。欲济天下，为百姓请命，不先诛此二子，乱今作矣。"王儁说："如卿之言，济天下者，舍卿复谁？"说完二人相对而笑。[②]第二件事，献帝迁都许昌后，太史令王立借金星火星交会天象，宣扬革命将发生，汉祚将终，必有新兴者代替，甚至对献帝说："天命有去就，五行不常盛，代火者土也，承汉者魏也，能安天下者，曹姓也，唯委任曹氏而已。"曹操听说后，派人告诉王立说："知公忠于朝廷，然天道深远，幸勿多言。"[③]第三件事，袁绍曾经拿着一枚玉印走到曹操座边，把印放在曹操肘下，曹操的反应是"笑而恶焉"[④]。袁绍此举是借

---

① 《三国志》卷十《魏书·荀彧传》。
② 《三国志》卷一《魏书·武帝纪》裴注引皇甫谧《逸士传》。
③ 《三国志》卷一《魏书·武帝纪》裴注引张璠《汉纪》。
④ 《三国志》卷一《魏书·武帝纪》。

用一个典故。建武三年，涿郡太守张丰起兵反。张丰之所以起兵，是因为有道士说他当为天子，并以五彩囊裹石系在他的肘下，告诉他石中有天子玉玺。张丰好方术，信了道士之言，遂起兵反。后来兵败被俘，被斩前还说"肘石有玉玺"。袁绍把曹操比作想当皇帝的张丰，曹操"笑"是表面的，是为了淡化事情的严重性，而"恶"是内心的，厌恶袁绍看穿了他雄心大志。王儁说曹操"天下之雄也，必能兴霸道，继桓、文之功者也"[①]，孙权说曹操"有无君之心"[②]，陈寿说曹操是"非常之人，超世之杰"[③]，都准确地反映了曹操的政治追求。

荀彧与曹操的政治诉求有同有异，二人都主张结束分裂天下共主，但谁是"共主"，二人目标则不同。南朝宋裴松之说：

> 彧岂不知魏武之志气，非衰汉之贞臣哉？良以于时王道既微，横流已极，雄豪虎视，人怀异心，不有拨乱之资，仗顺之略，则汉室之亡忽诸，黔首之类殄矣。夫欲翼赞时英，一匡屯运，非斯人之与而谁与哉？是故经纶急病，若救身首，用能动于嶮中，至于大亨，苍生蒙舟航之接，刘宗延二纪之祚，岂非荀生之本图，仁恕之远致乎？[④]

荀彧与曹操共事近二十年，对曹操的政治诉求应当十分清楚，然而在天下分崩、汉室衰微、群豪虎视、人怀异心的情况

---

① 《三国志》卷一《魏书·武帝纪》裴注引皇甫谧《逸士传》。
② 《三国志》卷四十七《吴书·吴主传》裴注引《吴录》。
③ 《三国志》卷一《魏书·武帝纪》陈寿评。
④ 《三国志》卷十《魏书·荀彧传》裴注。

下，要想实现自己的政治诉求，除了依靠曹操的力量还能依靠谁呢？

三、荀彧与曹操的智慧较量

明知曹操不是衰汉之贞臣，却还必须依靠他以实现自己的政治诉求，这是一对显而易见的矛盾。为使这对矛盾统一起来，荀彧采取了三种策略。

策略一：给曹操的行为戴上道德的高帽，用道德对曹操进行规范。例如对曹操迎献帝之举，荀彧说：

> 昔晋文公纳周襄王，而诸侯景从；汉高祖为义帝缟素，而天下归心。自天子蒙尘，将军首唱义兵，徒以山东扰乱，未遑远赴，虽御难于外，乃心无不在王室。今銮驾旋轸，东京榛芜，义士有存本之思，兆人怀感旧之哀。诚因此时奉主上以从人望，大顺也；秉至公以服天下，大略也；扶弘义以致英俊，大德也。①

曹操迎献帝都许，是"奉天子以令不臣"，重点是"令"，即以天子之名号令天下。而荀彧则把此举誉为心在王室、存本之思、顺从民望、秉持至公、扶持弘义等一系列美德，欲从道德方面规范曹操迎献帝的行为。

策略二：给曹操的某些越轨的打算设置障碍，使其难以逾

---

① 《后汉书》卷七十《荀彧传》。

越。例如建安九年（204），曹操攻破邺城后，自领冀州牧。这时候，有人建议"宜复古置九州，则冀州所制者广大，天下服矣"。这个建议是否是曹操授意提出的，史无明确记载，但有一点可以肯定，这绝对是对巩固扩大曹操势力有利的"复古"措施。元胡三省说曹操行古九州制度，是"欲广其所统以制天下耳"[1]。清赵翼说曹操行古九州制度是"自为张本，欲尽以为将来王畿之地故也"[2]。今人顾颉刚、史念海说曹操"恢复九州者，不过假其名以益冀州之土地"[3]。赵凯也指出："显然，曹操恢复《禹贡》九州的真正目的在于扩大冀州地盘，把'大冀州'作为自己的根据地。"[4] 这些虽然是对建安十八年曹操恢复古九州的评论，但完全适用于建安九年的情形。荀彧显然不愿意曹操的根据地极度扩张，因此提出反对意见：

> 若是，则冀州当得河东、冯翊、扶风、西河、幽、并之地，所夺者众。前日公破袁尚，禽审配，海内震骇，必人人自恐不得保其土地，守其兵众也；今使分属冀州，将皆动心。且人多说关右诸将以闭关之计；今闻此，以为必以次见夺。一旦生变，虽有守善者，转相胁为非，则袁尚得宽其死，而袁谭怀贰，刘表遂保江、汉之间，天下未易图也。愿公急引兵先定河北，然后修复旧京，南临荆

---

[1] 《资治通鉴》卷六十六建安十八年正月庚寅条胡三省注。
[2] 王树民《廿二史劄记校证》，中华书局，1984年，第137页。
[3] 《中国疆域沿革史》，商务印书馆，2000年，第93页。
[4] 赵凯：《汉魏之际"大冀州"考》，《南都学坛（人文社会科学学报）》2004年第6期。

州，责贡之不入，则天下咸知公意，人人自安。天下大定，乃议古制，此社稷长久之利也。①

荀彧反对复古九州制度，实质上是不愿意曹操的势力不受限制地发展，但表面理由是为了安定天下人心，有利于社稷长久，使得曹操没有拒绝的理由。曹操复古九州制度是在荀彧死后第二年，可见荀彧有效地阻止了曹操扩大根据地的意图。

建安十七年（212），董昭等人建议进曹操为魏国公，行九锡之赐，用以表彰曹操所立功勋。根据王莽代汉的经验，行九锡之赐是改朝换代的前奏。因此，荀彧是万万不能同意的。他说，丞相兴义兵以匡朝宁国，秉忠贞之诚，守退让之实；君子爱人以德，不宜如此。言外之意，如果行九锡之赐，曹操就违背了匡朝宁国的宗旨，就丧失了对朝廷的忠贞，这是陷曹操于不义。荀彧以维护曹操忠贞大义名节盛德为由，使得曹操不得不暂时放弃行九锡的打算。

策略三：向曹操举荐与自己关系密切的人。荀彧曾向曹操推荐一批人才，他们有荀攸、钟繇、陈群、司马懿、郗虑、华歆、王朗、荀悦、杜袭、辛毗、赵俨、戏志才、郭嘉、杜畿等。这批人分为两种情况：

有的与荀彧同乡同郡，如钟繇、陈群、杜袭、辛毗、赵俨、郭嘉都是颍川人。他们大多与荀彧关系密切。荀攸是荀彧的从子，关系之亲密自不待言。钟繇十分看重荀彧，说颜渊之后，能被九德不二其过的人，只有荀彧。司马懿说："百数十年

---

① 《三国志》卷十《魏书·荀彧传》。

间，贤才未有及荀令君者也。"①

有的与曹操开始关系并不密切，后来成为曹操集团中的卿相才臣，如郗虑、陈群、王朗、杜畿等人。

郗虑是孔融的故吏，曹操说自己与郗虑"亦无恩纪"，可见荀彧开始是作为自己的同盟者向曹操举荐郗虑的。

陈群是荀彧的女婿②，又与孔融是挚友。孔融高才倨傲，年纪在陈群与其父陈纪之间。孔融先与陈纪为友，后来与陈群交友后，主动把自己降一辈。孔融"志在靖难"，知"曹操终图汉室，不欲与同"③，这点与荀彧十分相似。作为孔融的好友，陈群的感情天平也应当偏向荀彧。可见荀彧推荐陈群的动机恐怕与推荐郗虑相同。

王朗开始也与曹操关系疏远，有几件事可以证明。陈留人边让，东汉末被大将军何进征召，孔融、王朗时为大将军府掾，一起"修刺候焉"。边让、孔融都因对曹操多轻侮之言而被杀，王朗与他们意趣相投，可证其初期对曹操的态度。沛国名士刘阳与王朗交友。刘阳认为曹操是朝廷大患，意欲除之。刘阳死后，曹操四处搜捕他的儿子，刘阳的亲旧无人敢藏，而王朗却隐藏刘阳的儿子多年。王朗任会稽太守时，迫于孙策的军事压力而投降。由于荀彧举荐，曹操以朝廷名义征召之，于是王朗辗转江海，来到北方。在一次聚会上，曹操嘲笑王朗说："不能效君昔在会稽折粳米饭也。"意思是笑王朗不该屈服

---

① 《三国志》卷十《魏书·荀彧传》裴注引《彧别传》。
② 据《三国志》卷十《魏书·荀彧传》载，荀彧子恽、恽弟俣，俣弟诜，诜弟顗。裴注引《晋阳秋》曰：顗字景倩，幼为姊夫陈群所异。
③ 《后汉书》卷七十《孔融传》。

于孙策。王朗仰天而叹道："做到适宜太难了！"曹操问："此话怎讲？"王朗说："如朗昔者，未可折而折；如明公今日，可折而不折也。""可折而不折"，是指曹操当入朝觐见皇帝而不入朝。[1]可见王朗初入朝廷与荀彧、曹操关系的亲与疏。

京兆杜陵人杜畿与荀彧的关系更耐人寻味。史载："畿自荆州还，后至许，见侍中耿纪，语终夜。尚书令荀彧与纪比屋，夜闻畿言，异之，旦遣人谓纪曰：'有国士而不进，何以居位？'既见畿，知之如旧相识者，遂进畿于朝。"[2]与杜畿一见如故终夜彻谈的侍中耿纪，在建安二十三年（218）曾经与太医令吉本、司直韦晃共同发动了反对曹操的政变。当然这并不是说杜畿和耿纪初见时的彻夜长谈是针对曹操，但耿纪的政变是其长期坚持尊奉汉朝的结果。杜畿和耿纪长谈的内容当是如何兴复汉朝，这也正符合荀彧的政治诉求，所以"夜闻畿言"之后称之为国士，见到杜畿"知之如旧相识者"，亦见他举荐杜畿的动机。

荀彧所举荐的人还有辛毗、杜袭、赵俨，他们都是荀彧的同乡，而且和陈群同样知名，"号曰辛、陈、杜、赵"[3]。从荀彧与陈群的关系推测其举荐辛毗、杜袭、赵俨的动机也并非毫无根据。

综上所述，荀彧虽然给曹操的统一北方行动以巨大帮助，但由于二人的政治诉求不同，荀彧又企图通过自己的办法，把

---

[1]《三国志》卷一《魏书·武帝纪》裴注引《世语》记载："旧制，三公领兵入见，皆交戟叉颈而前。初，公将讨张绣，入觐天子，时始复此制。公自此不复朝见。"曹操讨张绣是在建安二年（197），王朗北上史载在建安三年。

[2]《三国志》卷十六《魏书·杜畿传》裴注引《傅子》。

[3]《三国志》卷二十三《魏书·赵俨传》。

曹操的政治发展纳入自己设定的轨道。

作为有丰富政治经验的曹操当然不会就范。

对于道德约束,曹操历来采取实用主义,即于己有利者遵之,于己不利者弃之。例如曹操建安十五年(210)所发的求贤令:"若必廉士而后可用,则齐桓其何以霸世!今天下得无有被褐怀玉而钓于渭滨者乎?又得无盗嫂受金而未遇无知者乎?二三子其佐我明扬仄陋,唯才是举,吾得而用之。"[①]同年底,他又发布了被称为"让县自明本志"之令,令中有这样两段话:

> 或者人见孤强盛,又性不信天命之事,恐私心相评,言有不逊之志,妄相忖度,每用耿耿。
>
> ……
>
> 然欲孤便尔委捐所典兵众以还执事,归就武平侯国,实不可也。何者?诚恐己离兵为人所祸也。既为子孙计,又己败则国家倾危,是以不得慕虚名而处实祸,此所不得为也。[②]

曹操说有人见他日益强盛,私下议论他有"不逊之志",恐怕不是捕风捉影的猜测。有人劝他为避免"不逊"之嫌,把兵权交还皇帝,曹操予以坚决拒绝,称自己不得"慕虚名而处实祸",表示绝不会被道德虚名所累而使自己处于危险境地。

对于荀彧的设置障碍,曹操则根据具体情况灵活应对。例如建安九年(204),曹操自领冀州牧后,想据《禹贡》恢复古

---

① 《三国志》卷一《魏书·武帝纪》。
② 《三国志》卷一《魏书·武帝纪》裴注引。

代大冀州制度。荀彧反对，曹操采取了退让态度。其中最重要的原因是，当时袁绍残余还在，北方尚未平定，关中也各自为政，荆州刘表收留了刘备，二人联手曾一度推进到宛县、叶县一带。在这种情况下，曹操仍需要荀彧这样的人出谋划策。但这种退让是暂时的隐忍，建安十七年（212）曹操欲行九锡之礼，荀彧反对，曹操便不能容忍了，不但逼死了荀彧，而且相继把行九锡和大冀州计划付诸实施。

曹操花大气力应对的，是把荀彧推荐的一批人化疏为亲。如前所述，荀彧曾向曹操推荐了一批人才，这些人绝大部分起初是荀彧的同盟者，然而后来却一个个成为曹操集团的政治骨干。如华歆和郗虑曾奉曹操之命进入皇宫搜捕伏皇后，荀攸、钟繇、王朗、杜袭、郗虑都是曹操加九锡的推手，辛毗、陈群、华歆、王朗都是拥戴曹丕代汉的功臣。这些人的变化，应当是因为曹操做了大量的工作。由于材料所限，有些人的记载只有转变的结果，有些人的记载不但有转变的结果，而且也能看到曹操为这种转变所做努力的蛛丝马迹。

郗虑年少时师从于大儒郑玄，又是孔融的故吏，起初和孔融关系不错。曹操迎献帝定都许昌，孔融推举郗虑，盛赞其名实相副，综达经学，又明《司马法》，郗虑也称孔融奇逸博闻。后来两人发生矛盾。据虞溥《江表传》载：献帝曾同时接见郗虑和孔融，问孔融说："鸿豫何所优长？"孔融答："可与适道，未可与权。"郗虑举笏曰："融昔宰北海，政散人流，其权安在？"[①] 于是两人互论长短，以至不睦。曹操本来就不满孔融

---

① 《后汉书》卷七十《孔融传》注引虞溥《江表传》。

与自己离心离德，正好利用这种矛盾争取郗虑。史载："山阳郗虑承望风旨，以微法奏免融官。"郗虑所秉显然是曹操之风旨，从而导致孔融因小小的过错被免官，二人仇怨也因此公开。曹操又给孔融写信说：

> 盖闻唐虞之朝，有克让之臣，故麟凤来而颂声作也。后世德薄，犹有杀身为君，破家为国。及至其敝，睚眦之怨必仇，一餐之惠必报。故晁错念国，构祸于袁盎；屈平悼楚，受谮于椒、兰；彭宠倾乱，起自朱浮；邓禹威损，失于宗、冯。由此言之，喜怒怨爱，祸福所因，可不慎与！昔廉、蔺小国之臣，犹能相下；寇、贾仓卒武夫，屈节崇好；光武不问伯升之怨；齐侯不疑射钩之虏。夫立大操者，岂累细故哉！往闻二君有执法之平，以为小介，当收旧好；而怨毒渐积，志相危害，闻之怃然，中夜而起。昔国家东迁，文举盛叹鸿豫名实相副，综达经学，出于郑玄，又明《司马法》，鸿豫亦称文举奇逸博闻，诚怪今者与始相违。孤与文举既非旧好，又于鸿豫亦无恩纪，然愿人之相美，不乐人之相伤，是以区区思协欢好。又知二君群小所构，孤为人臣，进不能风化海内，退不能建德和人，然抚养战士，杀身为国，破浮华交会之徒，计有余矣。[①]

信中通篇引用典故，除去这些典故，主要讲了三个意思。第一，要孔融效法唐虞时代的克让之臣，不要学后世睚眦之怨

---

① 《后汉书》卷七十《孔融传》。

必仇的德薄之行。第二，郗虑上表是出于公法，而个人私情是芥蒂小事，当放弃芥蒂秉持公法，不应怨毒渐积，志相危害。第三，当初互相抬举，如今与始相违，当是虚伪狡猾的小人所构。这封信批评、归咎孔融，为郗虑开脱辩护的倾向非常明显。《后汉书》上说，曹操这封信是"激厉"孔融。这里的"激厉"绝无今日"鼓励""勉励"之意，而是用较激烈的语言对孔融进行劝诫。孔融的回信中有"知同其爱，训诲发中"之语，意思是知道曹操像爱护郗虑一样爱护自己，所以才对自己有衷心的训诲。这实际上是表达了对偏袒郗虑的不满。他虽然表示要与郗虑"修好如初"，对曹操的"苦言至意，终身诵之"，但实际上并未与郗虑改善关系，后来郗虑再一次构陷孔融，给曹操杀掉孔融提供了借口。从郗虑与孔融的交恶中，可见曹操对郗虑的偏袒与拉拢。

曹操对钟繇的争取有两个方式。一个方式是对钟繇的宽容。曹操在徐州、冀州一带拓展势力的时候，关中地区马腾、韩遂等，各拥强兵相与争。为稳定关中，曹操派钟繇以侍中守司隶校尉，持节督关中诸军，委之以后事，特使不拘科制。在此期间，发生了河东太守王邑、郡掾卫固、中郎将范先等抗旨事件。王邑因违反朝廷法律，被责令交出印绶，回朝等候发落。与此同时，曹操又任命杜畿为河东太守取代王邑。杜畿已经进入河东郡界，而王邑拒不交出印绶，自己带着印绶到许昌投案。王邑的部下卫固、范先起兵拒绝杜畿上任。钟繇时治在洛阳，自以威禁失督司之法，乃上书自劾：

> 谨按侍中守司隶校尉东武亭侯钟繇，幸得蒙恩，以斗

箐之才，仍见拔擢，显从近密，衔命督使。明知诏书深疾长吏，政教宽弱，检下无刑，久病淹滞，众职荒顿，法令失张。邑虽违科，当必绳正法，既举文书，操弹失理。至乃使邑远诣阙廷，赕氽使命，挫伤爪牙。而固诳迫吏民，拒籖连月。今虽反悔，犯顺失正，海内凶赫，罪一由繇威刑暗弱。又繇久病，不任所职，非繇大臣当所宜为。繇轻慢宪度，不畏诏令，不与国同心，为臣不忠，无所畏忌，大为不敬。又不承用诏书，奉诏不谨。又聪明蔽塞，为下所欺，弱不胜任。数罪谨以劾，臣请法车征诣廷尉治繇罪，大鸿胪削爵土。臣久婴笃疾，涉夏盛剧，命县呼吸，不任部官。辄以文书付功曹从事马适议，免冠徒跣，伏须罪诛。①

钟繇的自我弹劾反映了事件的严重性，然而曹操对此的反应是"诏不听"，对钟繇未加以任何处罚。另一个方式是通过儿子曹丕拉近与钟繇的关系。曹丕与钟繇交往密切，钟繇任魏国相国，作为魏太子的曹丕便赐给钟繇一个五熟釜，釜上铸有铭文说："于赫有魏，作汉藩辅。厥相惟钟，实干心膂。靖恭夙夜，匪遑安处。百寮师师，楷兹度矩。"② 称赞钟繇作为相国，忠心辅佐魏国，实为百僚楷模。他还给钟繇写信说：

> 昔有黄三鼎，周之九宝，咸以一体使调一味，岂若斯釜五味时芳？盖鼎之烹饪，以飨上帝，以养圣贤，昭德

---

① 《三国志》卷十三《魏书·钟繇传》裴注引《魏略》。
② 《三国志》卷十三《魏书·钟繇传》。

祈福，莫斯之美。故非大人，莫之能造；故非斯器，莫宜盛德。今之嘉釜，有逾兹美。夫周之尸臣，宋之考父，卫之孔悝，晋之魏颗，彼四臣者，并以功德勒名钟鼎。今执事寅亮大魏，以隆圣化。堂堂之德，于斯为盛。诚太常之所宜铭，彝器之所宜勒。故作斯铭，勒之釜口，庶可赞扬洪美，垂之不朽。①

钟繇曾有一块玉玦，曹丕欲得之而羞于开口，私下派曹植托人向钟繇转达慕玦之意。钟繇立即派人给曹丕送去。曹丕写信给钟繇表达自己的喜悦之情："近见南阳宗惠叔称君侯昔有美玦，闻之惊喜，笑与抃俱。当自白书，恐传言未审，是以令舍弟子建因荀仲茂转言鄙旨。乃不忽遗，厚见周称，邺骑既到，宝玦初至，捧跪发匣，烂然满目。猥以曚鄙之姿，得观希世之宝，不烦一介之使，不损连城之价，既有秦昭章台之观，而无蔺生诡夺之诳。嘉贶益腆，敢不钦承！"钟繇回信说："昔忝近任，并得赐玦。尚方耆老，颇识旧物。名其符采，必得处所。以为执事有珍此者，是以鄙之，用未奉贡。幸而纡意，实以悦怿。在昔和氏，殷勤忠笃，而繇待命，是怀愧耻。"②九月九日又称"重阳"，是当时一个重要节日。九月时值季秋，古人称之为"无射"之月，意思是此月阴气正盛，阳气极衰，万物尽灭。在此百花肃杀之际，菊花却傲霜独放，因而受到人们的推崇。因此九月九日又有采菊相赠之俗。曹丕于九月九日曾赠菊给钟繇，

---

① 《三国志》卷十三《魏书·钟繇传》裴注引《魏略》。
② 《三国志》卷十三《魏书·钟繇传》裴注引《魏略》。

并附信说："是月律中无射，言群木庶草无有射地而生。于芳菊纷然独秀，非夫含乾坤之纯和，体芬芳之淑气，孰能如此！故屈平悲冉冉之将老，思餐秋菊之落英，辅体延年，莫斯之贵。谨奉一束，以助彭祖之术。"①赐釜，赠玦，送菊花，通书信，曹丕和钟繇关系之密切，也日益拉近钟繇与曹操的关系。

曹操通过曹丕交友而使人才靠近自己，不仅是对钟繇，此外还有荀攸、陈群等人。曹丕为魏国太子，曹操对曹丕说："荀公达，人之师表也，汝当尽礼敬之。"荀攸曾经有病，曹丕前去探望，对荀攸"独拜床下"，表现出格外尊敬。②曹丕对陈群也"深敬器焉，待以交友之礼"，常感叹说："自吾有回，门人日以亲。"③据《史记》载，颜回英年早逝，孔子哭之恸，曰："自吾有回，门人益亲。"裴骃《集解》引王肃曰："颜回为孔子胥附之友，能使门人日亲孔子。"④这里曹丕借用孔子的话，表达了以有陈群这个朋友为自豪的感情。曹丕与这些人的友谊日深，为这些人在感情和思想上向曹操进一步靠拢起了非常重要的作用。

曹操通过上述努力，逐渐把荀彧最初推荐给他的一批人才化疏为亲，使其成为自己雄图大业的得力助手。最典型者是荀彧的从子荀攸，最后竟然成为曹操"进爵国公，九锡备物"的拥护者。建安十七年，曹操征孙权，表请荀彧劳军于谯，便自作主张把荀彧留在军中，以侍中光禄大夫持节，参丞相军事。曹操军至濡须，荀彧因病留在寿春，以忧薨。致荀彧之死的忧

---

① 《太平御览》卷三十二《时序部·九月九日》。
② 《三国志》卷十《魏书·荀攸传》。
③ 《三国志》卷二十二《魏书·陈群传》。
④ 《史记》卷六十七《仲尼弟子列传》。

郁,《魏氏春秋》的记载耐人寻味:"太祖馈彧食,发之乃空器也,于是饮药而卒。"①曹操给荀彧无食物的空饭盒,意思是告诉荀彧,你所推荐的人都已经背弃初衷,你的图谋落空了。荀彧感到自己如同这个空饭盒一样,身边空无一人,因此在绝望中饮药自尽。

四、荀、曹关系与东汉末政治势力的消长

三国孙吴薛莹评论东汉末期的局势说:

> 汉氏中兴,至于延平而世业损矣。冲、质短祚,孝桓无嗣,母后称制,奸臣执政。孝灵以支庶而登至尊,由蕃侯而绍皇统,不恤宗绪,不祗天命,上亏三光之明,下伤亿兆之望。于时爵服横流,官以贿成,自公侯卿士,降于皂隶,迁官袭级,无不以货。刑戮无辜,摧扑忠良,佞谀在侧,直言不闻。是以贤智退而穷处,忠良摈于下位,遂至奸雄蜂起,法防隳坏,夷狄并侵,盗贼糜沸,小者带城邑,大者连州郡。编户骚动,人人思乱。当斯之时,已无天子矣。②

东汉王朝至和帝、殇帝后便开始衰落,到灵帝时达到"已无天子"的程度。所谓"无天子"并非真的没有了皇帝,而是没有了天子的权威。天子权威的丧失,象征着王朝的末日。面对这

---

① 《三国志》卷十《魏书·荀彧传》裴注引。
② 《太平御览》卷九十二《皇王部·孝灵皇帝》。

种情况，人们呈现出不同的态度，不同的态度形成了不同的政治势力。

一种政治势力认为，汉德已亡，新朝当立。民间这种势力的代表是张角领导的黄巾起义，它打出"苍天已死，黄天当立"的旗号。割据诸侯势力的代表有刘焉、袁术等人。东汉末，朝纲崩坏，太常刘焉要求作交阯牧，后来，侍中董扶对他说"京师将乱，益州分野有天子气"，刘焉便改牧益州。刘焉在益州"抚纳离叛，务行宽简，阴图异计"，造作乘舆车具千余乘，并谋划攻打长安，代汉野心昭然若揭。袁术也是如此。当时流行一句谶语："代汉者，当涂高也。"涂（途）即路也，袁术字公路，名和字与谶语合，他认为："今海内鼎沸，刘氏微弱。吾家四世公辅，百姓所归，欲应天顺民"，"禄去汉室久矣，天下提挈，政在家门。豪雄角逐，分割疆宇。此与周末七国无异，唯强者兼之耳。袁氏受命当王，符瑞炳然"。[1]所以在建安二年（197），袁术借符命在九江称帝，自称"仲家"。以九江太守为淮南尹，置公卿百官，郊祀天地。

另一种政治势力认为，汉德已衰，天命将改。汉德已衰则失去对汉朝重振的希望，天命将改则预示了天命必改的趋势。它既区别于天命依然眷顾汉朝，从而要对朝廷表现出绝对忠诚的观点，也不同于天命当改从而建号称帝的思想，而是看到即将改朝换代的趋势，但认定皇帝还有暂时存在的价值。其突出代表就是曹操，典型做法就是"挟天子以令诸侯"。

还有一种政治势力认为，汉德虽衰，天命未改。这些人是

---

[1]《后汉书》卷七十五《袁术传》。

欲使东汉起死回生的忠臣。虽然社会到了"主政荒谬","编户骚动,人人思乱"的地步,而他们却仍"依仁蹈义,舍命不渝,风雨如晦,鸡鸣不已"①。如汉桓帝时,朝政已经腐败,而尚书令陈蕃仍向朝廷举荐徐稺、姜肱、袁闳、韦著、李昙等五位德行纯备的处士,希望他们"协亮天工","翼宣盛美,增光日月"。②汉灵帝光和七年(184)爆发了黄巾起义,左中郎将皇甫嵩因镇压黄巾起义有功被赐爵封侯,威震天下。一个当过信都令名叫阎忠的人对皇甫说:"身建不赏之功,体兼高人之德,而北面庸主,何以求安乎?"皇甫嵩说:"夙夜在公,心不忘忠,何故不安?"阎忠说:"夫既朽不雕,衰世难佐。若欲辅难佐之朝,雕朽败之木,是犹逆坂走丸,迎风纵棹,岂云易哉?且今竖宦群居,同恶如市,上命不行,权归近习,昏主之下,难以久居,不赏之功,逸人侧目,如不早图,后悔无及。"皇甫嵩拒绝说:"人未忘主,天不佑逆。若虚造不冀之功,以速朝夕之祸,孰与委忠本朝,守其臣节。虽云多谗,不过放废,犹有令名,死且不朽。反常之论,所不敢闻。"③范晔说皇甫嵩:"功定天下之半,声驰四海之表,俯仰顾眄,则天业可移,犹鞠躬昏主之下,狼狈折札之命,散成兵,就绳约,而无悔心。"④曾和皇甫嵩一起镇压黄巾起义的傅燮,后来被排挤,到汉阳郡任太守。金城人王国联合北地胡攻打郡城,他的儿子傅幹说:"国家昏乱,遂令大

---

① 清顾炎武著,黄汝城集释,栾保群、吕宗力校点:《日知录》卷十三《两汉风俗》,花山文艺出版社,1990年,第587页。
② 《后汉书》卷五十三《徐稺传》。
③ 《后汉书》卷七十一《皇甫嵩传》。
④ 《后汉书》卷七十九《儒林传·论》。

人不容于朝。今天下已叛，而兵不足自守，乡里羌胡先被恩德，欲令弃郡而归，愿必许之。徐至乡里，率厉义徒，见有道而辅之，以济天下。"傅燮说："汝知吾必死邪？盖'圣达节，次守节'。且殷纣之暴，伯夷不食周粟而死，仲尼称其贤。今朝廷不甚殷纣，吾德亦岂绝伯夷？世乱不能养浩然之志，食禄又欲避其难乎？吾行何之，必死于此。"[①]最后战死。

在上述东汉末三种政治势力中，第一种由于不符合社会实情，遇到重重阻力，很快就败下阵来；第二种对东汉末期社会政治及未来走向具有深入观察和正确判断，因而力量由小变大，由弱到强；第三种是欲挽狂澜，却无力回天，除了以身殉名节，没有取得实质性功业。荀彧是第三种政治势力的杰出代表。说他杰出，是因他与陈蕃、皇甫嵩、傅燮等人不同，他认识到凭一己之力不能扶大厦于将倾，而试图借助强大的势力实现自己的政治诉求。这是他比其他人聪明之处。然而其聪明并不能挽救失败的命运，荀彧的死，既意味着其政治诉求的失败，也证明了任何人想借助别人的力量实现自己的目的都是徒劳的。

荀彧与曹操的关系，并非像有论者所说是主从关系，即有共同理想长期主倡臣随的关系，而是一种既合作又较量的关系。这种关系是由二人的政治诉求有同有异所决定的。结束分裂、天下共主是二人的同，谁作共主是二人的异。荀彧需要借助曹操的力量达到自己的政治诉求，同样，曹操也需要借助荀彧的智慧实现自己的目的。因此二人较量是合作下的较量，不具有你死我活的性质。

---

① 《后汉书》卷五十八《傅燮传》。

论曹操墓文字证据的真实性
——兼评学术讨论中的学风问题

魏武王常所用挌虎大戟

曹操书法"衮雪"拓片。这是目前唯一能看到的曹操书法真迹

曹操墓被发现的消息自 2009 年底公布以来，争论一直不断，且日益升级。争论的焦点，就是认定曹操墓的重要证据之一的铭刻着文字的出土文物。作为参加曹操墓论证的学者之一，我也一直关注着各种质疑的声音，在认真思索着质疑声音的各种论据的同时，也在认真地研究这些文物本身的一些问题。总的看来，质疑甚至否定的声音可以分为三种情况：第一，真正的学术研究。第二，缺少专业论证的探讨。第三，超出学术探讨层面的炒作。本文写作的目的，一是与具有严肃科学态度的学者进行深入的学术交流，二是反对学术讨论中的不正之风，维护正常的学术讨论。

所谓带有文字的出土文物，包括一块"魏武王常所用慰项石"，八块"魏武王常所用"兵器圭形铭牌（简称圭形铭牌），五十四块带穿孔的六边形铭牌，一块完整的画像石和若干画像石碎片以及 1998 年出土的一方《鲁潜墓志》。其中争议最大的是带有"魏武王"的石枕、石牌以及带有"魏武帝"的《鲁潜墓志》。关于石枕、画像石，笔者已经有另文论述，此不再赘述，这里只谈圭形铭牌和《鲁潜墓志》。

一、从礼仪制度看圭形铭牌的真实性

对圭形铭牌真伪的争论，主要集中在"魏武王"三个字上。质疑者认为"魏武王"三个字出现在曹丕时代，既不合"礼"也不合"理"。我们就从礼制入手分析圭形铭牌的合理性。

"魏武王"这三个字，由三部分组成。"魏"是国，"武"是谥，"王"是号。"帝尧、帝舜，先号后谥也"，"文王、武王，先谥后号"。这说明，在古代谥和号是两部分，可以把号放前面，如"帝尧"，也可以把号放后面，如"文王"。谥与号有两个区别。一个是形式上的区别，即"文华""质朴"之别。讲究质朴的谥常用两个字，如"成汤"；讲究文华的谥常用一个字，如"文""武"。质朴之谥不与号相连，活着时称号，死后称谥。文华之谥则与号连在一起称呼，理由是，对于死者如果仅仅称谥等于强调他是个死人，于心不忍，仅仅称号则他又确实已死，不合事实，所以谥号联称。另一个是内涵的区别，"号者功之表也"，"谥者行之迹也"。[①]谥与号可分可合，可前可后。那么，国、谥、号三者能不能组合在一起呢？请看这几个例子：

中六年二月己卯，行幸雍，郊见五帝。三月，雨雹。四月，梁孝王、城阳共王、汝南王皆薨。[②]

高后崩，孝文即位，立幽王子遂为赵王。二年，有司请立皇子为王。上曰："赵幽王幽死，朕甚怜之。已立其长子遂为赵王。遂弟辟强及齐悼惠王子朱虚侯章、东牟侯兴居有功，皆可王。"[③]

景初中诏曰："陈思王昔虽有过失，既克己慎行，以补前阙，且自少至终，篇籍不离于手，诚难能也。其收黄初中诸奏植罪状，公卿已下议尚书、秘书、中书三府、大

---

① 《帝王谥号议》，《通典》卷一〇四。
② 《史记》卷十一《孝景本纪》。
③ 《汉书》卷三十八《高五王传·赵幽王传》。

鸿胪者皆削除之。撰录植前后所著赋颂诗铭杂论凡百余篇,副藏内外。"①

上述三个例子中,第一个,《史记》的作者司马迁是汉朝人,直接称当朝人"梁孝王""城阳共王"。第二个,汉文帝直接称自己的弟弟为赵幽王。第三个,是曹魏明帝的诏书,其中的陈思王即明帝的叔叔曹植。三个事例都是国、谥、号并称当朝人,可见这种组合并非违背礼制。

当然,并不是说国、谥、号三者可随意组合,任意并称。怎样组合是由当时的礼仪制度和具体的历史背景、语境所决定的。我们就从这三个方面分析"魏武王"的合理性。按照礼仪制度,"魏武王"的称呼最早应该出现在曹操死后所发布的官方文书上。这些文书应该是向全国发布的讣告以及铭旌。《晋书》卷三十七《司马孚传》记载:

魏武帝崩,太子号哭过甚,孚谏曰:"大行晏驾,天下恃殿下为命。当上为宗庙,下为万国,奈何效匹夫之孝乎!"太子良久乃止,曰:"卿言是也。"时群臣初闻帝崩,相聚号哭,无复行列。孚厉声于朝曰:"今大行晏驾,天下震动,当早拜嗣君,以镇海内,而但哭邪!"孚与尚书和洽罢群臣,备禁卫,具丧事,奉太子以即位,是为文帝。

---

① 《三国志》卷十九《魏书·陈思王传》。

此处的"孚"即司马孚,时任曹丕的太子中庶子。他对曹操的称呼是"大行"。然而曹操的讣告和铭旌上是不可能以"大行"相称的。原因很简单,"大行"是皇帝死后谥号议定之前的称呼。如果在正式文书中称"大行",就意味着公开向汉献帝和全国宣布称帝,这既违背了曹操生前不称帝的申明,也不符合曹丕称帝后追谥曹操魏武帝的事实。所以,"大行"只能是曹操获得谥号之前魏国君臣之间的私下称呼。

曹操死后最紧迫的事当为定谥号,只有谥号定下来才可以形成为曹操治丧的文书。司马孚与和洽"备禁卫,具丧事"当包括定谥号这一重要内容。曹操谥号"武王"议定之后,其讣告和铭旌写的是"魏武王"还是"武王",由于史书上没有记载当时的讣告和铭旌,所以不能直接断定,但我们仍可从相关的记载中分析出答案。

> 魏明悼后崩,议书铭旌。或欲去姓而书"魏",或欲两书。孚以为:"经典正义,皆不应书。凡帝王皆因本国之名以为天下之号,而与往代相别耳,非为择美名以自光也。天称'皇天',则帝称'皇帝';地称'后土',则后称'皇后'。此乃所以同天地之大号,流无二之尊名,不待称国号以自表,不俟称氏族以自彰。是以《春秋》隐公三年《经》曰'三月庚戌天王崩',尊而称'天',不曰'周王'者,所以殊乎列国之君也。'八月庚辰宋公和卒',书国称名,所以异乎天王也。襄公十五年《经》曰'刘夏逆王后于齐',不云'逆周王后姜氏'者,所以异乎列国之夫人也。至乎列国,则曰'夫人姜氏至自齐',又

曰'纪伯姬卒',书国称姓,此所以异乎天王后也。由此考之,尊称'皇帝',赫赫无二,何待于'魏'乎?尊称'皇后',彰以谥号,何待于姓乎?议者欲书'魏'者,此以为天皇之尊,同于往古列国之君也。或欲书姓者,此以为天皇之后,同于往古之夫人也。乖经典之大义,异乎圣人之明制,非所以垂训将来,为万世不易之式者也。"遂从孚议。

这段记载出于《晋书》卷三十七《司马孚传》,这个记载传递出一个重要信息:魏明帝皇后毛氏去世后,谥为"悼",她的铭旌上是写"魏明悼皇后",还是写"魏明悼毛皇后",还是写"明悼皇后",在朝臣中是有很大争论的。

皇帝和皇后是一个等级,皇后铭旌的争论也折射出魏明帝以前皇帝铭旌的争论。从上述关于皇后谥号前加不加"魏"的争论,我们可以理出这样一条发展线索:在魏明帝以前,皇帝皇后的谥号前是否加"魏"字没有严格规定,曹操可以称魏武王、魏武帝,曹丕也可以称魏文帝。直到"魏"明帝时,由于礼仪制度建设的发展,皇后谥号前有没有必要加"魏"字才成为问题,因此才有了数次争论。而直到毛皇后铭旌的讨论,司马孚的意见被采纳,帝后谥号"不待称国号以自表"才逐渐被确定。这个根据事实理出的发展线索,有没有文献证据的支持呢?当然有。《艺文类聚》卷九十八《祥瑞部》记载何晏《瑞颂》云:

若稽古帝魏武,哲钦明文思,馨民生之俊德,懿前烈之极休。先天而天弗违,后天而奉天时。聿迪明命,肇启皇基。夫居高听卑，乾之纪也；靡德不酬，坤之理也。故灵符频繁，众瑞仍章，通政辰修，玉烛告祥，和风播烈，景星扬光，应龙游于华泽，凤鸟鸣于高冈，麒麟依于囿籍，魋虎类于坰疆，鹿之麌麌，载素其色；雉之朝雊，亦白其服。交交黄鸟，信我中霤，倏倏嘉苗，吐颖田畴。

何晏一生经历了魏武王、魏文帝、魏明帝、少帝曹芳四个时期，这个《瑞颂》应当是在曹丕称帝前后作的。曹丕称帝前夕，为代汉大肆制造舆论，掀起一股献瑞热潮。太史丞许芝上表说：

> 殿下即位，初践阼，德配天地，行合神明，恩泽盈溢，广被四表，格于上下。是以黄龙数见，凤皇仍翔，麒麟皆臻，白虎效仁，前后献见于郊甸；甘露醴泉，奇兽神物，众瑞并出。斯皆帝王受命易姓之符也。①

两篇文章所献祥瑞，都有龙、麒麟等吉祥动物，所表示的意思一致，当为同时期的作品。何晏在《瑞颂》中称曹操为魏武帝，为曹操在被追谥为魏武帝之前称魏武王提供了有力的证据。

我们说在明帝之前，武王、武帝、文帝谥号前面都可以有"魏"字，还有一个文献证据。曹魏郎中鱼豢曾作过一本书，名叫《魏略》，是专门记载曹魏历史的史籍。此书已经亡佚，

---

① 《三国志》卷二《魏书·文帝纪》裴注引《献帝传》。

但散见于其他古籍中。现列举六条如下：

董卓烧南北二宫，魏武帝更为夏门，内立北宫。至明帝又造三层楼，高十丈。①

魏文帝猎北邙上，时盛夏炎暑，行者或中暍，鲍勋切谏，遂因此伏法。②

魏文帝神龟出于灵芝池。③

权闻魏文帝受禅而刘备称帝，乃呼问知星者，己分野中星气何如，遂有僭意。④

邓飏字玄茂，南阳宛人，邓禹之后也。少得士名。明帝时为中书郎，以与李胜等为浮华，被斥。正始中，迁侍中、尚书，为人好货。⑤

李丰字安国，卫尉李义子也。识别人物，海内注意。明帝得吴降人，问江东闻中国名士为谁？以安国对之。⑥

上述六条记载中，凡是提到曹操的谥号称"魏武帝"，提到曹丕的谥号称"魏文帝"，而提到曹睿的谥号，却用了"明帝"，没有"魏"字，也反映了曹魏皇帝谥号从有"魏"到无"魏"的变化。鱼豢一生大部分时间生活在曹魏，《魏略》是当

---

① 《太平寰宇记》卷三《河南府》引《魏略》。
② 《太平御览》卷四十二《地部·邙山》引《魏略》。
③ 《初学记》卷九《帝王部》注引《魏略》。
④ 《三国志》卷四十七《吴书·吴主传》裴注引《魏略》。
⑤ 《世说新语·识鉴》注引《魏略》。
⑥ 《世说新语·容止》注引《魏略》。

时人写的当代史,其记载曹魏历史的可靠性史学家几乎无人质疑。还应当指出的是,《魏略》是一部私家撰史,其所反映的皇帝谥号称呼的变化应当是可信的。

从"魏武帝"到"明帝",皇帝谥号的称呼为什么会有如此变化呢?笔者曾经指出,汉末三国是礼仪制度从旧体系向新体系转化的孕育时期(见《魏晋南北朝五礼制度考论》),这应当是这种变化大的历史背景。还有一个具体原因,就是曹操在世时,自身打破了许多礼仪制度。如按照古礼,诸侯之庙以始封之君为太祖,自太祖以下列二昭二穆共为五庙。只有开朝皇帝立宗庙才向上追封。而曹操所立庙制,恰恰没有遵循古礼,而是像开朝皇帝一样向上追封。如天子实行"亲耕籍田",曹操为魏公时就代替汉帝实行了。只有天子仪仗才可使用的旄头,只有天子宫殿才能摆放的钟虡,在曹操的仪仗队和宫殿里出现了。只有天子出入才称"警跸",曹操也使用了。天子冠冕上的十二旒同样出现在曹操的冠冕上,天子专用的金根车和五时副车,也被用于曹操出行的工具。古代礼仪制度的被打破,也造成了皇帝谥号称呼的混乱。

最后还要回答一个问题,既然曹操死后当时人称过他魏武王、魏武帝,为什么《三国志》中不见记载?要回答这个问题,首先要看看"武王"称呼使用的语境。《三国志》使用"武王"称呼一共有六处,现将其全部胪列如下:

> 汉帝以众望在魏,乃召群公卿士,告祠高庙。使兼御史大夫张音持节奉玺绶禅位,册曰:"咨尔魏王:昔者帝尧禅位于虞舜,舜亦以命禹,天命不于常,惟归有德。

汉道陵迟,世失其序,降及朕躬,大乱兹昏,群凶肆逆,宇内颠覆。赖武王神武,拯兹难于四方,惟清区夏,以保绥我宗庙……"

乙卯,册诏魏王禅代天下曰:"惟延康元年十月乙卯,皇帝曰:'咨尔魏王:夫命运否泰,依德升降,三代卜年,著于《春秋》。……当斯之时,尺土非复汉有,一夫岂复朕民?幸赖武王德膺符运,奋扬神武,芟夷凶暴,清定区夏,保乂皇家。'"

辛酉,给事中博士苏林、董巴上表曰:"……昔光和七年,岁在大梁,武王始受命,于时将讨黄巾。是岁改年为中平元年。"

相国歆、太尉诩、御史大夫朗及九卿奏曰:"……中人凡士犹为陛下陋之。没者有灵,则重华必忿愤于苍梧之神墓,大禹必郁悒于会稽之山阴,武王必不悦于高陵之玄宫矣。……武王亲衣甲而冠胄,沐雨而栉风,为民请命,则活万国,为世拨乱,则致升平。"

追尊皇祖太王曰太皇帝,考武王曰武皇帝,尊王太后曰皇太后。

上述六处记载全部出于《三国志》卷二《魏书·文帝纪》及裴注,最后一处是作者陈寿的记述。《三国志》以曹魏为正统,从曹操到曹奂都被列入皇帝本纪,再加上其成书时,帝后谥号前均不加"魏"字已成定制,所以最后一处的"武王"之称,不足以作为否定曹操死后的十个月内,当时人称其"魏武王"的证据。前五处的"武王"之称,的确是当时人对曹操死后至曹丕代汉前的称呼。但仔细分析，这五处"武王"之称都是出于同一种语境，即都是给魏王曹丕的书面文件。表意的对象是魏王曹丕，因为有这个前提，在涉及曹操时，谥号前的"魏"字予以省略，以表示"魏王"与"武王"是一脉相承的同一个"魏"。

但是在其他语境中呢？

在何晏的《瑞颂》中，在曹操的铭旌上，曹操的谥号有"魏"字前已叙述。在发布曹操去世消息的讣告中，曹操的谥号也应该称"魏武王"。古礼规定，诸侯谥号前应该加国名，因为天子之下的诸侯国有许多，需要加国名以区别于他国君主。天子谥号前不加国名，因为天子独一无二，他所代表的国家只有一个，没有区别的必要。这些只是正常情况下的礼仪关系。然而曹操毕竟不是正常情况下的普通藩王。他在去世前已经享有皇帝所享有的一切待遇，这点前已叙述，此外他还握有皇帝所应有的权力。建安二十三年（218），许昌曾发生了以太医令吉本为首的反对曹操的叛乱，叛军烧毁了丞相府长史王必的大营，王必因此死亡。叛乱平定以后，曹操听说王必已死，大怒："召汉百官诣邺，令救火者左，不救火者右。众人以为救火者必无罪，皆附左；王以为'不救火者非助乱，救火乃实贼也'。皆杀之。"① 把汉朝百官召到自己王都，行使杀伐，这样的权力汉朝皇帝没有，只有身为魏王的曹操有。魏王享有皇帝的待遇，具有皇帝的实权，汉帝只是没有"尺土一民"，听任魏王摆布的傀儡，这是反映当时特点的一个重大区别。曹操死

---

① 《三国志》卷一《魏书·太祖纪》。

后，曹丕在发给汉帝的讣告中需要加上"魏"字以强调这种区别。另外，远在益州的刘备此时已经称王，曹丕在发给天下的讣告中，也需要用"魏武王"昭示与刘备"汉中王"的区别。从这个角度分析，在曹丕发布的曹操去世的讣告中，也应该使用"魏武王"的称号。可惜由于曹操"武王"的谥号只使用了短短十个月，文献上没有留下有关讣告的资料。而曹操墓出土的圭形石牌，不仅为曹操墓的认定提供了有力的证据，也弥补了文献记载的缺失，这正是其价值所在。

二、从知识含量看《鲁潜墓志》的真实性

《鲁潜墓志》出土于1998年，因其中的文字以魏武帝曹操高陵来说明自己墓的位置而受到考古乃至史学工作者的重视。墓志出土至曹操墓发现之前，十多年间无人怀疑它的真实性，甚至地方上的史学工作者还以此墓志作为寻找曹操高陵的线索，做了许多研究探寻的工作。自从2009年底曹操墓发现的消息公布以后，随着曹操墓被一些人质疑乃至否定，《鲁潜墓志》也受殃及。否定曹操墓者坚称，《鲁潜墓志》是伪造的。

所谓文物造假有两种情况：一种是仿制造假，即按照真文物进行二次制作；另一种是原始造假，即没有样本，无中生有，凭空制作。以假乱真的假文物是指仿制假造，因为以假乱真本身就承认"真"的存在。我想否认曹操墓者所说的《鲁潜墓志》造假是指后一种。然而，无中生有凭空制造出假《鲁潜墓志》来是一件很难的事情，因为墓志上有文字，这些文字要准确地反映当时的历史信息，否则，很容易露出造假马脚。现

将墓志全文点录如下：

> 赵建武十一年，大岁在乙巳，十一月丁卯朔。故大仆卿驸马都尉，勃海赵安县鲁潜，年七十五，字世甫，以其年九月廿一日戊子卒。七日癸酉葬，墓在高决桥陌西行一千四百廿步，南下去陌一百七十步，故魏武帝陵西北角西行三步，北回至墓明堂二百五十步。师上党解建字子奉所安。墓入四丈，神道南向。

《鲁潜墓志》所反映的历史信息是否准确呢？回答是肯定的。

第一个信息，墓志所反映的历史时间是准确的。"赵建武十一年，大岁在乙巳，十一月丁卯朔"，赵建武十一年即东晋穆帝永和元年（345），这年的干支确为乙巳，十一月的丁卯日就是初一。问题是，造假者根据什么确定这年十一月的丁卯日是初一呢？学过历史的人知道，根据司马光的《资治通鉴》是可以比较容易推算出来的。《资治通鉴》记载，永和二年春正月丙寅，大赦。魏晋南北朝时期，正月的大赦令一般都在元日发布，可知永和二年的正月初一是丙寅日，据此往前推两个月就可知道永和元年十一月初一日的干支了。问题是造假者有这方面的史学修养吗？还有，"以其年九月廿一日戊子卒"，这句话因需往前推四个月，更增加了推算的麻烦。有一个更加便捷的方法，就是用《二十史朔闰表》。造假者有没有这方面的专业知识，知道不知道《二十史朔闰表》，我很怀疑。

第二个信息，鲁潜在历史上确有其人。《晋书》卷一〇五《石勒载记下》记载："晋都尉鲁潜叛，以许昌降于勒。"宋司马光《资治通鉴》、郑樵《通志》、明屠乔孙、项琳《十六国春秋》都有相同的记载。

第三个信息，鲁潜的籍贯是准确的。墓志说鲁潜是勃海赵安县人，《元和郡县志》卷十九《河东道·内丘县》记载：

> 内丘县，古邢国地，在汉为中丘县，属常山郡。晋于此立中丘郡，石赵改为赵安县，后魏孝文帝复立中丘县。隋室讳忠，改为内丘。开皇三年属赵州，大业二年改属邢州。

《元和郡县志》为唐人所作反映历代地理沿革的书，是研究历史地理不可或缺的可靠资料。后赵时中丘郡改为赵安县，《鲁潜墓志》说其为赵安县人，与此弥合得一丝不差，这是造假者无论如何也不可能造得出来的。

第四个信息，墓志所反映的史实是丰富并且符合实际的。墓志最后有一句话："师上党解建字子奉所安。"意思是鲁潜的墓志是一个叫解建的人安放的。最难理解的是"师上党"这三个字。解建是上党人吗？是鲁潜的老师吗？如果是鲁潜的老师，鲁潜死时七十五岁，他的老师无论如何也得八九十岁了，耄耋之年，还有精力为鲁潜操办丧事吗？我认为，造假者能把前面的"假"造得那么天衣无缝，不会犯下这个愚蠢的错误。况且，如果造假，索性把师字省略，不是会省去很多麻烦吗？所以，这里的"师"字肯定不作老师解。我认为，"师上党"三个字是说明解建的官职的。《晋书》卷二十四《职官志》载："王置师、友、文学各一人，景帝讳，故改师为傅。"在西晋时，师是王府的属官。西晋以后的十六国政权大多实行胡汉分治的政策，即用西晋王朝的行政系统治理汉人，用少数民族的行政系统管理少数民族。前赵后赵政权亦是如此，应当设置了"师"这个王国属官。"上党"也不是解建的籍贯，而是指"上党王"。"师上党"的意思是曾为上党王师。上党这个地方对石赵政权具有非常重要的意义。石勒就是上党武乡羯人，在前赵刘聪当政时，石勒被封为上党郡公、上党国王。石勒建立后赵后，曾命人撰写《上党国记》[①]。石勒为上党王期间，解建任上党王师，鲁潜因投降献城有功被任为驸马都尉，从325年鲁潜降赵到345年鲁潜去世，解建应当与之有长时期的交往，关系甚密，所以才会有为之操办丧事之举。

从上述四点来看，《鲁潜墓志》包含大量准确的历史信息，绝非现代人所能伪造。《鲁潜墓志》的出现，是打破曹操七十二疑冢传说的有力证据之一，也从实物资料方面印证了十六国后赵政治、官制、地理沿革等文献记载，这才是其价值所在。

三、学术探讨中的学风问题

对曹操墓的认定与质疑，本来是一个学术问题。讨论学术问题，学风的端正与否是一个非常重要的问题。在关于曹操墓的讨论中，暴露出一些学风问题，这里有必要指出，以端正之。所谓学风不正有以下几种表现。

（一）主观臆造，言之无据

有的学者在述说古代礼仪制度时指出，中国古代有身份、

---

① 《晋书》卷一○五《石勒载记下》。

有地位或有影响的人，一般都有两个名字：一个是出生后父母给起的，称为"讳"，讳号也称显号；另一个是死后别人给起的，称为"谥"，谥号是活人对死人的称呼，一般含有对死人尊重的意思。应当说，古人一般有一个名，一个字。如曹操"姓曹，讳操，字孟德"，曹丕"讳丕，字子桓"。讳也不是显号。《白虎通义·谥》云："显号谥何法？法日未出而明，已入有余光也。"这句话令人不太明白。《通典》卷一〇四《帝王谥号议》引《白虎通》说："号，法天也，法日也，日未出而明。谥，法地也，法月也，月已入有余光。"结合起来看，显号的意思很明显，就是指谥号的"号"。古代不是什么人都可以加谥的，必须得有爵位，如公、王、帝。这些很显贵，所以称显号，而不是指的名讳。所以"讳号也称显号"纯属杜撰。

有的学者还臆造出所谓"显号"和"冥名"的对立关系：有了冥名，显号就不能再用，再用就是对死者不敬。而帝王有了冥名，显名更不能再用，否则就是对已死帝王的亵渎，照样构成"大不敬"之罪。这更是无稽之谈。魏晋南北朝时期的礼仪制度没有这样的限制，相反，几乎所有死去的有爵位者，都是"显号"和"冥名"连在一起的。例如"武王"，"武"是谥字，"王"是显号。此类例子在文献和文物中触目皆是，不胜枚举。其实这些学者就是想得出这样的结论："曹操死后，对他的称呼只能是'武王'，绝不可能是'魏武王'。道理很简单，'魏王'是生前爵号，是显名，'武王'是死后谥号，是冥名，二者混用，便是违制，不唯亵渎死者，且也必遭天下后世诟病，位卑者还可招来杀身之祸。"但由于前面的论据是主观臆造不符合事实的，故由此得出的结论也很难令人信服。

（二）无视文献，盲目质疑

有学者质疑曹操墓为什么没有印玺。这个问题在文献上早有记载，《晋书》卷二十《礼志中》记载：

> 魏武以礼送终之制，袭称之数，繁而无益，俗又过之，豫自制送终衣服四箧，题识其上，春秋冬夏，日有不讳，随时以敛，金珥珠玉铜铁之物，一不得送。文帝遵奉，无所增加。及受禅，刻金玺，追加尊号，不敢开埏，乃为石室，藏玺埏首，以示陵中无金银诸物也。

曹植所写悼念其父的诔文中也说，曹操下葬时"玺不存身，唯绋是荷"。质疑者不顾这些记载，坚持追问说：曹植的文字记述只说明，曹操墓没有"金印""银印"，但铜质印、木质印、石质印是要有的。其根据就是，曹操所处时代的丧葬风俗，有官职、有身份的人下葬以后，一定会随葬这些"权力证明"，以方便其在阴间"对等转换"自己在阳间的"职位""职称"。即使生前实印不能随葬，也会临时刻一枚以代替。这种理解又是一种不顾文献记载的"想当然"。大多有职位有身份的人死后印玺随身不假，但未必是为了"权力证明"，未必是两个世界职位职称的"对等转换"。我们看一个关于这个问题的文献记载。《搜神记》卷五《蒋子文》：

> 蒋子文者，广陵人也。嗜酒好色，佻达无度，常自谓己骨清，死当为神。汉末为秣陵尉，逐贼至钟山下，贼击伤额，因解绶缚之，有顷遂死。及吴先主之初，其故吏

见文于道,乘白马,执白羽扇,侍从如平生。见者惊走,文追之,谓曰:"我当为此土地神,以福尔下民。尔可宣告百姓,为我立祠,不尔将有大咎。"

这个神话反映了当时人关于两个世界的观念,蒋子文生前是秣陵尉,是地方基层小官,死后为一方土地之神。阴阳两界职位相差如此巨大,哪有什么职位职称的"对等转换"。

有学者在圭形石牌"常所用"三个字的问题上也表现出不顾文献的武断。先是说"常所用"不是当时的用法。当有人举出《三国志·吴书·周泰传》注引《江表传》孙权"以己常所用御帻青缣盖赐之"后,质疑者又说这个"常所用"确实存在,但不是出现在曹魏的中原地区,而是出现在长江中下游的孙吴国。这个辩解同样站不住脚。郑玄在为《仪礼》作注时,解释"燕养"说:"燕养,平常所用供养也。"郑玄是北方人,可见常所用的表达方式不限于长江中下游的孙吴。《宋书》卷七十八《萧思话传》记载,萧思话当初在青州时,"常所用铜斗覆在药厨,下得二死雀"。这些文献记载说明圭形石牌上的"常所用"不是孤立的。

(三)缺乏严谨,不够科学

在关于曹操墓真伪的探讨中,一些学者的论证表现出不够严谨科学的态度。例如说,"我"详细考察了中国古代的"冥称制度",并查阅了几十万字的文献资料,证明在曹操生前死后,直到曹魏政权灭亡的这段历史时期内,曹操根本就没有过"魏武王"的称号。曹操生前没有魏武王的称号,这不用查几十万字的文献资料,以常识就可以解决。曹魏建立直至灭亡,曹操因为被追尊为帝,也不可能称魏武王,这好像也不需要查几十万字的文献资料。问题是,在曹丕称帝后,当时人就称曹操为"魏武帝"(见笔者第一个问题的论证),怎么能否定在此以前的十个月内不称其为"魏武王"呢?

否定《鲁潜墓志》真实性方面的论证也不严谨。有学者指出,按照《鲁潜墓志》的说法,鲁潜是"勃海赵安县"人,查《晋书·地理志》,勃海郡十县,没有"赵安",仅此一条,即可说明《鲁潜墓志》也是伪造的。问题是,仅此一条也不能锁定《鲁潜墓志》是伪造的。为什么?就是因为不严谨。我们知道,《晋书》记载两晋的历史,十六国被作为僭伪政权而列入载记,《晋书》的地理志,怎会记载僭伪政权的地理名称呢?能查几十万字的文献资料,为什么不多翻几部古代地理书呢?

还有的学者说,《鲁潜墓志》中官职的称谓与《晋书·职官志》不符,而且不厌其烦交代"曹操墓"的路线细节,从西汉到隋唐墓志独此一例,仿佛是个曹操墓路标牌,诸多不合,断为伪刻。这个断语也很不严谨。《晋书》卷三《武帝纪》记载:"赐山阳公刘康、安乐公刘禅子弟一人为驸马都尉。"同书卷二十四《职官志》记载:"元帝为晋王,以参军为奉车都尉,掾属为驸马都尉。"卷二十五《舆服志》记载:"太仆卿御,大将军参乘左右。"怎能说与两晋职官称谓不符呢?我们再看晋朝的墓志铭。《王浚夫人华氏墓志铭》[①]:"公讳浚,字彭祖。曾祖父讳柔,字叔优,故汉使持节护匈奴中郎将雁门太守。夫人宋氏、李氏。墓在

---

① 全称为《晋使持节、侍中、都督幽州诸军事、领护乌丸校尉、幽州刺史、骠骑大将军、博陵公、太原晋阳王公故夫人平原华氏之铭》。见赵超《汉魏南北朝墓志汇编》,天津古籍出版社,2008年。

本国晋阳城北二里。祖父讳机，字产平，故魏东郡太守。夫人郭氏、鲍氏。墓在河内野王县北白径道东北，比从曾祖代郡府君墓，南邻从祖东平府君墓。父讳沈，字处道，故使持节散骑常侍司空博陵元公。夫人颍川荀氏。墓在洛阳北邙恭陵之东，西比武陵王卫将军，东比从祖司空京陵穆侯墓。"墓志中不仅一人以他人的墓作为自己墓位置的参照，怎能说"从西汉到隋唐墓志独此一例"，"仿佛是个曹操墓路标牌"，"断为伪刻"呢？这些论断显然是不严谨的。

（四）宣泄个人情绪

史学、考古学都是科学，科学研究不是文学创作，不能凭空想象，不能靠激情冲动，而需要进行冷峻的思考、深入的分析。然而在有关曹操墓的探讨中，非学术性的感情宣泄却出现在一些学者的论述中。有学者指名道姓指责对方说"在曹操下皇后的生卒年代上，撒下一大堆谎言。我愿意和他去测谎，要是我说谎了就自我了断，要是对方说谎，就请夹起尾巴做人"。还有学者说"我们就是要挂三国文化这个羊头，打曹操墓这只假老虎"。还说要把"曹老虎"彻底打死，防止它二次咬人。凡此种种，都不是严肃科学的探讨学问的态度。

笔者指出上述种种不正学风，并非和质疑曹操墓的学者过不去，也不是不让他们说话。而是想说，进行学术探讨，必须要有科学的态度，做学问必须要有严谨的学风。如果这些人是普通的网民，上述要求可能过严。但他们的身份是学者、教授、兼职教授、历史工作者，并出席高层文化论坛，上述要求应当说不算苛刻吧！

魏明帝不明

陶俑，东汉，河南安阳西高穴村曹操高陵出土。河南省文物考古研究所藏

魏明帝即曹叡，"明"是他的谥号。《逸周书·谥法》说："照临四方曰明。"①能照临四方的一个必要前提，是自身能发光，即自身之明。曹叡在位，谈不上能照临四方，即使论自身之明也难以够格。魏明帝不明，有以下三个方面。

一、理政不明

魏明帝时，黄门侍郎杜恕曾提出"务本节用"的主张。他说："帝王之道，莫尚乎安民；安民之术，在于丰财。丰财者，务本而节用也。"什么是"务本节用"呢？杜恕接着说："方今二贼未灭，戎车亟驾，此自熊虎之士展力之秋也。然搢绅之儒，横加荣慕，搤腕抗论，以孙、吴为首，州郡牧守，咸共忽恤民之术，修将率之事，农桑之民，竞干戈之业，不可谓务本。帑藏岁虚而制度岁广，民力岁衰而赋役岁兴，不可谓节用。"②杜恕在这里没有直接说明什么是务本节用，而是批评了务本节用的反面：搢绅之儒，以孙、吴为首；州郡牧守，修将率之事，即把军事放在首位。反过来就是说，让农桑之民致力稼穑之事就是务本，爱惜民力轻徭薄赋就是节用。而魏明帝即位之后的一些做法与务本节用有径庭之别。

魏明帝青龙三年（235），诸葛亮病逝于北伐前线五丈原，蜀汉的北伐暂时告一段落。对付蜀汉的压力刚一减轻，曹叡的治理重心就转移到骄奢淫逸的享乐方面。首先是大兴土木。史

---

① 黄怀信：《逸周书校补注译》，西北大学出版社，1996年，第289页。
② 《三国志》卷十六《魏书·杜畿附杜恕传》。

载,这一年,魏明帝"大治洛阳宫,起昭阳、太极殿,筑总章观"。其规模之大,耗费之多,豪华之甚,在《魏略》中有详尽的描写:

> 是年起太极诸殿,筑总章观,高十余丈,建翔凤于其上;又于芳林园中起陂池,楫棹越歌;又于列殿之北,立八坊,诸才人以次序处其中,贵人夫人以上,转南附焉,其秩石拟百官之数。帝常游宴在内,乃选女子知书可付信者六人,以为女尚书,使典省外奏事,处当画可,自贵人以下至尚保,及给掖庭洒扫,习伎歌者,各有千数。通引谷水过九龙殿前,为玉井绮栏,蟾蜍含受,神龙吐出。使博士马均作司南车,水转百戏。岁首建巨兽,鱼龙曼延,弄马倒骑,备如汉西京之制,筑阊阖诸门阙外罘罳。①

景初元年(237)又徙长安诸钟簴、骆驼、铜人、承露盘。承露盘又大又重,移动时盘折,落地撞击声传数十里。由于承露盘和铜人大且重,移动困难,只好留在霸城。魏明帝又大发铜铸作铜人二座,号曰翁仲,列坐于司马门外。又铸黄龙、凤凰各一,龙高四丈,凤高三丈余,置内殿前。在宫城内建芳林园,芳林园的西北角用人工堆起土山,巨大的土方都是让公卿群僚负土完成,又在山上种植松竹杂木善草,捕山禽杂兽置其中。② 除大兴土木之外,他还留意于玩饰,赏赐无度,造成帑

---

① 《三国志》卷三《魏书·明帝纪》裴注引《魏略》。
② 《三国志》卷三《魏书·明帝纪》裴注引《魏略》。

藏空竭。还录夺已经嫁给吏民为妻的士家之女，以配士兵，并简选其有姿色者内之掖庭。大兴土木增加百姓劳役，使农时失违，连年谷麦不收。魏明帝还划出广袤千余里的禁地，实行严厉的禁猎政策，规定"杀禁地鹿者身死，财产没官，有能觉告者厚加赏赐"。这样，本来百姓因徭役繁重，种田者已经大减，再加上猎禁，"群鹿犯暴，残食生苗，处处为害，所伤不赀。民虽障防，力不能御。至如荥阳左右，周数百里，岁略不收"。①

对曹叡的上述行为，一些大臣纷纷进行劝谏，但曹叡大多采取拒谏的态度。太子舍人张茂上书指出曹叡"不兢兢业业，念崇节约，思所以安天下者，而乃奢靡是务，中尚方纯作玩弄之物，炫耀后园，建承露之盘，斯诚快耳目之观，然亦足以骋寇雠之心矣"，希望曹叡"沛然下诏，万几之事有无益而有损者悉除去之，以所除无益之费，厚赐将士父母妻子之饥寒者，问民所疾而除其所恶，实仓廪，缮甲兵，恪恭以临天下"。②曹叡对张茂的上书劝谏只淡淡说了句"张茂不过倚仗和我是乡里罢了"，视作耳旁刮过的一阵风。

司徒军议掾董寻上书指出，即使因宫室狭小需要加以扩大，也应该顺随时令，不妨农务。更何况铜龙凤、土山、湖池等比宫殿房舍费功费力数倍的无益之物，是圣明所不喜欢兴建的。他还批评了让公卿大臣负土堆山的做法，认为这是"毁国之光以崇无益"，将会造成"君不君，臣不臣，上下不通，心怀郁结，使阴阳不和，灾害屡降，凶恶之徒，因间而起"的局

---

① 《三国志》卷二十四《魏书·高柔传》。
② 《三国志》卷三《魏书·明帝纪》裴注引《魏略》。

面。董寻上此表章后，沐浴更衣，做好了被杀的准备。曹叡也感到意外，说："董寻不畏死邪！"① 从董寻这个举动中，亦可见曹叡对谏言的态度。

曹叡在大兴土木这件事上是不明智的，其不明有三：

第一，不明当政的首要任务。当时三国鼎峙，天下未一，吴蜀两国均非割据偏安之辈，而是各自寻求强国之路，积蓄政治、军事力量，以为统一天下的资本。在这种形势下，曹叡本当也把富国强兵放在首位。这一点，曹魏政权中的有识之士都比曹叡看得明白。卫尉辛毗对曹叡说："窃闻诸葛亮讲武治兵，而孙权市马辽东，量其意指，似欲相左右。备豫不虞，古之善政，而今者宫室大兴，加连年谷麦不收。诗云：'民亦劳止，迄可小康，惠此中国，以绥四方。'唯陛下为社稷计。"② 司空陈群说："今丧乱之后，人民至少，比汉文、景之时，不过一大郡。加边境有事，将士劳苦，若有水旱之患，国家之深忧也。且吴、蜀未灭，社稷不安。宜及其未动，讲武劝农，有以待之。今舍此急而先宫室，臣惧百姓遂困，将何以应敌？昔刘备自成都至白水，多作传舍，兴费人役，太祖知其疲民也。今中国劳力，亦吴、蜀之所愿。此安危之机也，惟陛下虑之。"③ 护军将军蒋济上疏说："今虽有十二州，至于民数，不过汉时一大郡。二贼未诛，宿兵边陲，且耕且战，怨旷积年。宗庙宫室，百事草创，农桑者少，衣食者多，今其所急，唯当息耗百姓，不至甚弊。弊边之民，傥有水旱，百万之众，不为国用。凡使民必

---

① 《三国志》卷三《魏书·明帝纪》裴注引《魏略》。
② 《三国志》卷二十五《魏书·辛毗传》。
③ 《三国志》卷二十二《魏书·陈群传》。

须农隙，不夺其时。夫欲大兴功之君，先料其民力而燠休之。句践养胎以待用，昭王恤病以雪仇，故能以弱燕服强齐，羸越灭劲吴。今二敌不攻不灭，不事即侵，当身不除，百世之责也。以陛下圣明神武之略，舍其缓者，专心讨贼，臣以为无难矣。又欢娱之耽，害于精爽；神太用则竭，形太劳则弊。愿大简贤妙，足以充'百斯男'者。"① 看来，辛毗、陈群、蒋济要比曹叡清醒多了。

第二，不明大兴土木的危害。曹叡在回复辛毗的上书中说："二虏未灭而治宫室，直谏者立名之时也。夫王者之都，当及民劳兼办，使后世无所复增，是萧何为汉规摹之略也。今卿为魏重臣，亦宜解其大归。"在回复陈群的上书又说："王者宫室，亦宜并立。灭贼之后，但当罢守耳，岂可复兴役邪？是故君之职，萧何之大略也。"曹叡两次以西汉萧何大建未央宫之事为自己辩解。《史记》对这件事有如下记载：

> 萧丞相营作未央宫，立东阙、北阙、前殿、武库、太仓。高祖还，见宫阙壮甚，怒，谓萧何曰："天下匈匈苦战数岁，成败未可知，是何治宫室过度也？"萧何曰："天下方未定，故可因遂就宫室。且夫天子以四海为家，非壮丽无以重威，且无令后世有以加也。"高祖乃说。②

按照萧何的意思，他把未央宫修建得雄壮瑰丽，有两大好处：一

---

① 《三国志》卷十四《魏书·蒋济传》。
② 《史记》卷八《高祖本纪》。

是可以加重皇帝的威严，二是做到极致，后代便不会再建更雄伟的宫殿了。曹叡推出萧何，就是用来证明大兴土木有益无害。大兴土木绝非有益无害，宋司马光就对其危害分析得十分透彻，他说：

> 王者以仁义为丽，道德为威，未闻其以宫室填服天下也。天下未定，当克己节用以趋民之急；而顾以宫室为先，岂可谓之知所务哉！昔禹卑宫室而桀为倾宫。创业垂统之君，躬行节俭以示子孙，其末流犹入于淫靡，况示之以侈乎！乃云"无令后世有以加"，岂不谬哉！至于孝武，卒以宫室罢敝天下，未必不由酂侯启之也！①

第三，不明大建宫室做法的是与非。是与非和利与害是有机连在一起的，有利为是，有害为非。萧何认为，当苦战匈奴成败未知之际大兴土木，以宫室壮丽可镇服天下，可令后世子孙无以复加，是以之为是。实际上，后来的汉武帝"以宫室疲敝天下"证明了萧何之非。后来的北魏太武帝拓跋焘在这个问题上也是是非分明。群臣曾劝拓跋焘把京邑城隍修建得高大险峻，并以《周易》设险的理论和萧何建未央宫的例子作为根据。拓跋焘却说："古人有言，在德不在险。屈丐蒸土筑城，而朕灭之，岂在城也？今天下未平，方须民力，土功之事，朕所未为，萧何之对，非雅言也。"② 比起拓跋焘，曹叡与萧何一

---

① 《资治通鉴》卷十一《汉纪·太祖高皇帝七年》。
② 《魏书》卷四下《世祖纪下》。

样是非不明。孙盛批评曹叡"惑于大道而昧得失之辨"[1]，陈寿评论曹叡此举说："于时百姓凋弊，四海分崩，不先聿修显祖，阐拓洪基，而遽追秦皇、汉武，宫馆是营，格之远猷，其殆疾乎！"[2]

二、识人不明

《三国志·明帝纪》说，曹叡"生而太祖爱之，常令在左右"。曹操之所以喜欢这个孙子，是因为他"生数岁而有岐嶷之姿"，即刚刚几岁的时候便聪明出众。大概是应了当时"小时了了，大未必佳"那句话，当了皇帝的曹叡在识人方面不是那么聪明。曹叡识人不明，表现在对刘晔、秦朗、刘放、孙资等人的态度上。

刘晔是曹魏老臣，陈寿说："程昱、郭嘉、董昭、刘晔、蒋济才策谋略，世之奇士，虽清治德业，殊于荀攸，而筹划所料，是其伦也。"这里的"殊"，即与荀攸的区别，是泛指五个人，具体到个人，刘晔与荀攸的区别当在一个"德"字上。魏晋时，有一个人曾问傅玄，谁能称得上近世的大贤君子。傅玄说，荀攸"仁以立德，明以举贤，行无谄黩，谋能应机"，这个人可谓近世大贤君子。[3]刘晔与荀攸的区别，恰恰在"行无谄黩"上。

刘晔之谄，早在魏文帝时就有所表现。当时魏文帝曹丕多次外出游猎，驸马都尉兼侍中鲍勋拦住曹丕的车上疏说："臣闻

---

[1] 《三国志》卷二十二《魏书·陈群传》。
[2] 《三国志》卷三《魏书·明帝纪》陈寿评。
[3] 《三国志》卷十《魏书·荀攸传》裴注引《傅子》。

五帝三王，靡不明本立教，以孝治天下。陛下仁圣恻隐，有同古烈。臣冀当继踪前代，令万世可则也。如何在谅暗之中，修驰骋之事乎！臣冒死以闻，唯陛下察焉。"曹丕撕毁其表章，仍旧出猎。在打猎休息时，曹丕问侍臣："猎之为乐，何如八音也？"刘晔回答："猎胜于乐。"鲍勋当即指出："刘晔佞谀不忠，阿顺陛下过戏之言。昔梁丘据取媚于遄台，晔之谓也。请有司议罪以清皇庙。"① 魏明帝曹叡即位后，首先单独接见的朝臣就是刘晔，其原因恐怕也与刘晔之谄有关。曹叡的生母文昭甄皇后是被曹丕赐死的，曹叡以母不以道终，心中常怀愤愤之意。文帝曹丕因此对曹叡不放心，一直不立太子。直到黄初七年（226），曹丕病重，才立曹叡为太子。在被立为太子之前，曹叡一直小心谨慎，因此与朝臣们没有交往。曹叡即位后，群臣都想知道新皇帝是什么样的人。但曹叡第一个接见的是刘晔，与之"语尽日"。刘晔出来后，朝臣们都问新皇帝如何。刘晔说："秦始皇、汉孝武之俦，才具微不及耳。"② 说曹叡是秦皇、汉武一类的人，显然是吹捧，但"才具微不及"又给人以客观公允的印象，亦见刘晔逢迎谄曲的艺术。

再看刘晔之"黩"。"黩"即"渎"③，即渎职。刘晔任侍中，为门下侍中省的长官，职责是顾问应对，拾遗补阙，谏诤纠

---

① 《三国志》卷十二《魏书·鲍勋传》。
② 《三国志》卷三《魏书·明帝纪》裴注引《世语》。
③ 《公羊传·桓公八年》："何讥尔？讥亟也。亟则黩，黩则不敬。"何休注："黩，渫黩也。"（《十三经注疏·春秋公羊传注疏》，北京大学出版社，1999年，第91页）《白虎通疏证》卷六《辟雍》："父所以不教子者何？为渫渎也。"可见"黩"通"渎"。

察，入宫议政。但刘晔是怎样履行职责的呢？《傅子》有如下记载：

> 晔事明皇帝，又大见亲重。帝将伐蜀，朝臣内外皆曰"不可"。晔入与帝议，因曰"可伐"；出与朝臣言，因曰"不可伐"。晔有胆智，言之皆有形。中领军杨暨，帝之亲臣，又重晔，持不可伐蜀之议最坚，每从内出，辄过晔，晔讲不可之意。后暨从驾行天渊池，帝论伐蜀事，暨切谏。帝曰："卿书生，焉知兵事！"暨谦谢曰："臣出自儒生之末，陛下过听，拔臣群萃之中，立之六军之上，臣有微心，不敢不尽言。臣言诚不足采，侍中刘晔先帝谋臣，常曰蜀不可伐。"帝曰："晔与吾言蜀可伐。"暨曰："晔可召质也。"诏召晔至，帝问晔，终不言。后独见，晔责帝曰："伐国，大谋也，臣得与闻大谋，常恐眯梦漏泄以益臣罪，焉敢向人言之？夫兵，诡道也，军事未发，不厌其密也。陛下显然露之，臣恐敌国已闻之矣。"于是帝谢之。晔见出，责暨曰："夫钓者中大鱼，则纵而随之，须可制而后牵，则无不得也。人主之威，岂徒大鱼而已！子诚直臣，然计不足采，不可不精思也。"暨亦谢之。晔能应变持两端如此。或恶晔于帝曰："晔不尽忠，善伺上意所趋而合之。陛下试与晔言，皆反意而问之，若皆与所问反者，是晔常与圣意合也。复每问皆同者，晔之情必无所逃矣。"帝如言以验之，果得其情，从此疏焉。晔遂发狂，出为大鸿胪，以忧死。[①]

[①] 《三国志》卷十四《魏书·刘晔传》裴注引《傅子》。

刘晔身为侍中，在重大问题上情执两端，左右逢源，没有认真担负起职责。而曹叡却在他的花言巧语下承认自己错误，最后识破刘晔的渎职还是在别人的帮助之下，可见其识人之鉴不明。

曹叡对秦朗的任用也是识人不明的表现。秦朗的父亲名秦宜禄，为吕布部下。吕布据守的下邳被曹操攻破，秦朗的母亲杜氏因美色而被曹操收纳，秦朗便成为曹操的养子。秦朗自幼生活于宫中，游遨于诸侯之间，经历曹操、曹丕两朝，既无功也无过，可谓平庸之人。曹叡即位后，秦朗受到重用，为骁骑将军、给事中，常随从曹叡车驾出入。曹叡喜欢底下人互相揭发检举，有的人甚至因为轻微之过而致死罪。对此，秦朗始终不能有所谏止，又未尝荐举过一个有德之人。对秦朗的平庸，曹叡却是"每顾问之"，"数加赏赐，为起大第于京城中"，甚至一度要让他做辅政大臣。曹叡对秦朗的任用造成了消极后果，"四方虽知朗无能为益，犹以附近至尊，多赂遗之，富均公侯"[①]，败坏了官场的风气。

刘放、孙资在文帝曹丕时开始参掌机密。由于刘放善为书檄，孙资勤勉谨慎，再加上文帝执政时间只有七年，刘放、孙资的诡谖没有充分暴露，不能说曹丕识人不明。曹叡即位后对他们尤加宠任，同加散骑常侍，进刘放爵西乡侯，孙资乐阳亭侯。曹叡在位时间几乎比曹丕长一倍，在这么长的时间里，刘放、孙资的劣迹时有暴露。例如他们被曹叡宠信，"制断时政，大臣莫不交好"，但辛毗却不与他们往来。辛毗的儿子劝辛毗

---

① 《三国志》卷三《魏书·明帝纪》裴注引《魏氏春秋》。

说:"今刘、孙用事,众皆影附,大人宜小降意,和光同尘;不然必有谤言。"辛毗正色曰:"主上虽未称聪明,不为暗劣。吾之立身,自有本末。就与刘、孙不平,不过令吾不作三公而已,何危害之有?焉有大丈夫欲为公而毁其高节者邪?"后来,冗从仆射毕轨上表说:"尚书仆射王思精勤旧吏,忠亮计略不如辛毗,毗宜代思。"明帝征求刘放、孙资的意见,二人回答说:"陛下用思者,诚欲取其效力,不贵虚名也。毗实亮直,然性刚而专,圣虑所当深察也。"于是曹叡便没有任辛毗为尚书仆射。[①]史载:"放、资既善承顺主上,又未尝显言得失,抑辛毗而助王思,以是获讥于世。"[②]刘放、孙资不但被当世所讥贬,也被后世视为倾国害时之人。晋武帝的儿子司马衷是个白痴,晋武帝知其暗弱,恐后乱国,便派荀勖及和峤对司马衷进行考察。荀勖回来报告,"盛称太子之德,而峤云太子如初。于是天下贵峤而贱勖。帝将废贾妃,勖与冯紞等谏请,故得不废。时议以勖倾国害时,孙资、刘放之匹"[③]。刘放、孙资不仅谄谀顺主,而且倾国害时。这样的人在明帝朝竟被尤加宠任,足见曹叡识人之不明。

三、托孤不明

曹叡于景初三年(239)病逝,身后无嗣子,年仅八岁的养子曹芳继承皇位。曹叡病逝前,也曾有过一个托孤之举,而

---

① 《三国志》卷二十五《魏书·辛毗传》。
② 《三国志》卷十四《魏书·刘放传》。
③ 《晋书》卷三十九《荀勖传》。

此举又成为曹叡不明的最有力的明证。

据《三国志·明帝纪》载，曹叡景初三年病重，辛巳日任燕王曹宇为大将军，甲申日又将其免职，以武卫将军曹爽代之，曹宇任大将军仅仅四天。这四天里究竟发生了什么？为什么曹宇被免职？《曹宇传》说是"受署四日，宇深固让；帝意亦变，遂免宇官"，但是，曹宇景初二年就被召入京师，一直就没离开过洛阳。曹叡病重，授之以重职，委之以后事，可见曹宇入京与受重托有关，怎能深辞固让？从《汉晋春秋》的翔实记载中可以找到答案：

> 帝以燕王宇为大将军，使与领军将军夏侯献、武卫将军曹爽、屯骑校尉曹肇、骁骑将军秦朗等对辅政。中书监刘放、令孙资久专权宠，为朗等素所不善，惧有后害，阴图间之，而宇常在帝侧，故未得有言。甲申，帝气微，宇下殿呼曹肇有所议，未还，而帝少间，惟曹爽独在。放知之，呼资与谋。资曰："不可动也。"放曰："俱入鼎镬，何不可之有？"乃突前见帝，垂泣曰："陛下气微，若有不讳，将以天下付谁？"帝曰："卿不闻用燕王耶？"放曰："陛下忘先帝诏敕，藩王不得辅政。且陛下方病，而曹肇、秦朗等便与才人侍疾者言戏。燕王拥兵南面，不听臣等入，此即竖刁、赵高也。今皇太子幼弱，未能统政，外有强暴之寇，内有劳怨之民，陛下不远虑存亡，而近系恩旧。委祖宗之业，付二三凡士，寝疾数日，外内壅隔，社稷危殆，而己不知，此臣等所以痛心也。"帝得放言，大怒曰："谁可任者？"放、资乃举爽代宇，又白"宜

诏司马宣王使相参",帝从之。放、资出,曹肇入,泣涕固谏,帝使肇敕停。肇出户,放、资趋而往,复说止帝,帝又从其言。放曰:"宜为手诏。"帝曰:"我困笃,不能。"放即上床,执帝手强作之,遂赍出,大言曰:"有诏免燕王宇等官,不得停省中。"于是宇、肇、献、朗相与泣而归第。①

上述史料记载了这样几个内容:第一,曹叡一开始准备让曹宇、夏侯献、曹爽、曹肇、秦朗五人为辅政大臣,司马懿则在辅政大臣之外。第二,曹宇拥兵殿外,不让刘放、孙资入内,当他被免职后"泣而归第",都说明他不是深辞固让大将军之职。② 第三,曹叡确实改变了初衷,而这种改变是刘放、孙资"阴图间之"的结果。第四,最终辅政大臣只有曹爽和司马懿两个人。

上述改变为曹魏王朝所带来的后果是灾难性的。

首先,曹叡改变了其父曹丕选择辅政大臣的做法。黄初七年(226)五月,文帝曹丕病重,召中军大将军曹真、镇军大将军陈群、征东大将军曹休、抚军大将军司马懿,一起受遗诏辅佐嗣主曹叡。四辅政大臣中,曹真、曹休为曹氏宗族,是信得过的血缘宗亲,陈群、司马懿虽为外姓,但从曹丕的一个诏书中可见二人被信任的程度:

---

① 《三国志》卷四《魏书·三少帝纪》裴注引《汉晋春秋》。
② 《三国志》卷三《魏书·明帝纪》裴注引《魏略》:"燕王为帝画计,以为关中事重,宜便道遣宣王从河内西还,事以施行。"同书卷十四《魏书·刘放传》裴注引《世语》:"宣王在汲,献等先诏令于轵关西还长安。"此类记载都是燕王曹宇不曾固辞大将军的旁证。

至于元戎出征，则军中宜有柱石之贤帅，辎重所在，又宜有镇守之重臣，然后车驾可以周行天下，无内外之虑。吾今当征贼，欲守之积年。其以尚书令颍乡侯陈群为镇军大将军，尚书仆射西乡侯司马懿为抚军大将军。若吾临江授诸将方略，则抚军当留许昌，督后诸军，录后台文书事；镇军随车驾，当董督众军，录行尚书事；皆假节鼓吹，给中军兵骑六百人。①

四个辅政大臣都是兵权在握的实力派，曹丕这样安排意在宗亲与外姓权臣之间的平衡，曹姓权臣如果越位，自有陈群、司马懿牵制，反之亦如此。曹丕这样安排还有防止某个别辅臣权力过大的用意，即使其中有一个权力膨胀，也难摆平其他三个人的制约。辅臣之间的权力平衡相对稳定。而曹叡最后所选的辅政大臣只有曹爽和司马懿两个人，虽然这两个人一个是曹氏宗亲，一个是外姓权臣，似乎也维持着一种权力平衡，但这种平衡是极其脆弱的。曹爽和司马懿"俱受寄托之任"，均为掌握实权之人。二人不斗则平衡在，若斗起来则平衡亡。搞掉一个，另一个必然是大权独揽。后来的事实正是如此。曹爽逼退司马懿之后，形成"独专权势，行以骄奢，于王室不忠，于人道不直"的局面。而司马懿搞掉曹爽后，高平陵政变次月，司马懿便为丞相，增封八县，邑二万户，奏事不名。嘉平元年（249）十二月，加九锡之礼。第二年，在洛阳立司马家庙，又以有病为由，不入朝奏请，每有大事，都是皇帝亲至其家谘

---

① 《三国志》卷三《魏书·明帝纪》裴注引《魏略》。

访，和曹操当年对待献帝的做法如出一辙。

其次，曹爽和司马懿辅政隐藏着打破平衡的必然性。曹叡在位时，司马懿可谓功劳显赫，西擒孟达，兼讨申仪，协助曹休伐吴，于关陇拒蜀军，在长安与诸葛亮对垒，在辽东平公孙渊反叛，在朝廷享有崇高威望。面对这种情况，曹爽自然不会甘拜下风，史书上说，邓飏等人"欲令曹爽立威名于天下，劝使伐蜀，爽从其言，宣王止之不能禁"。邓飏是曹爽死党，自然不愿意主子矮人一头，曹爽听从其言，是因为其言符合自己意志。而司马懿则采取了反对的态度，当有不愿曹爽建功立威的成分。曹爽不顾司马懿阻拦，于正始五年（244）西至长安，征发士卒六七万人，从骆谷进入秦岭，杀奔汉中。此次征伐并不顺利，"关中及氐、羌转输不能供，牛马骡驴多死，民夷号泣道路。入谷行数百里，贼因山为固，兵不得进"。山谷险阻运输困难只是曹爽退军的一方面因素，另一方面是司马懿的威胁。与曹爽共同伐蜀的还有其外弟夏侯玄，司马懿给夏侯玄送信说："《春秋》责大德重，昔武皇帝再入汉中，几至大败，君所知也。今兴平路势至险，蜀已先据；若进不获战，退见徼绝，覆军必矣。将何以任其责！"夏侯玄惧怕负败军之责，也劝曹爽退兵，曹爽才"引军退"。① 曹爽坚持伐蜀是为立威，立威是为了争权。司马懿阻止曹爽伐蜀，希望他无功而返，也是防止他立威争权。

孙礼任冀州牧这件事，也反映了曹爽、司马懿之间的明争暗斗。孙礼在曹叡时任尚书，曹叡临去世前，以曹爽为大将

---

① 《三国志》卷九《魏书·曹爽传》及裴注引《汉晋春秋》。

军，拜孙礼为大将军长史。但由于孙礼性格问题，曹爽很不喜欢他，便让他到扬州做刺史。后来又入朝任少府，再出为荆州刺史，又改任冀州牧。孙礼出任冀州牧之前，拜见的是司马懿，可见他与曹爽、司马懿的亲疏关系。司马懿对孙礼说，冀州内清河、平原两郡的地界争端已经持续了八年，换了两个刺史都不能解决，希望你到任后能解决。孙礼说，判断这段公案，不能以原告所提供的墓地位置做根据，也不能偏听被告所举的先世老人的证言。最有力的证据，就是烈祖（指曹叡）当初被封为平原王时所绘制的平原国地图。如今此图藏在朝廷天府之中，拿出来"便可于坐上断也，岂待到州乎？"司马懿便为孙礼拿出地图，孙礼到任，根据地图将争议的地区断给平原郡。而曹爽知道后下书说："图不可用，当参异同。"在曹爽的干预下，鄃县坚决不接受孙礼的断案结果。孙礼上书说："今二郡争界八年，一朝决之者，缘有解书图画，可得寻案摘校也。平原在两河，向东上，其间有爵堤，爵堤在高唐西南，所争地在高唐西北，相去二十余里，可谓长叹息流涕者也。案解与图奏而鄃不受诏，此臣软弱不胜其任，臣亦何颜尸禄素餐。"曹爽见到孙礼的奏书大怒，弹劾孙礼心怀不满，判刑五年。一年多以后，孙礼出任并州刺史、使持节、护匈奴中郎将时，再一次往见司马懿。司马懿见他面有忿色，便问："卿得并州，少邪？恚理分界失分乎？今当远别，何不欢也！"还认为他为冀州的事不高兴。孙礼回答说："何明公言之乖细也！礼虽不德，岂以官位往事为意邪？本谓明公齐踪伊、吕，匡辅魏室，上报明帝之托，下建万世之勋。今社稷将危，天下凶凶，此礼之所以不悦也。"司马懿说："且止，忍不可忍。"[1] 孙礼眼中的"天下凶凶",显然指曹爽的专横跋扈,而司马懿的暂且"忍不可忍",则酝酿着最终的爆发。孙礼官场上的升降沉浮,折射出曹爽、司马懿之间的明争暗斗。

曹叡托孤不明,导致从数人辅政变成二人辅政,从辅臣间的互相牵制以保持力量平衡变成了二人生死决斗最后一人独大。因此,先是司马懿被剥夺实权韬光养晦,接着高平陵政变曹爽惨遭灭门,最后政归司马氏,其源头都在曹叡的托孤不明。

四、简短结论

世界上的事物是复杂的,不是简单的非黑即白;人也是多面的,不是简单的非明即昏。因此,指出曹叡的不明,绝不是说他是个昏君。曹叡是个守成的皇帝,而他的守成也是相当成功的。对内,他依靠钟繇、华歆、王朗、陈群一类的名士大族,政局稳定;对外,固守关陇、淮南一线,抵御了蜀汉的北伐和孙吴的进攻,成功地实行了战略防御方针,又派司马懿率军讨灭辽东公孙渊,扩大了曹魏统治的疆域。王仲荦先生说"曹叡统治的时期,是魏王朝的全盛时期"[2],是公允的评价。然而,物极必反,全盛意味着向衰败的转折,而曹叡的理政不明、识人不明、托孤不明,正是转折的逻辑起点。

---

[1] 《三国志》卷二十四《魏书·孙礼传》。

[2] 王仲荦:《魏晋南北朝史》,上海人民出版社,2003年,第123页。

应龙、熊画像石（东汉），河南方城县东关出土。现藏河南南阳汉画馆

司马氏代魏与权力继承

西晋王朝的建立，包含了司马懿祖孙三代人的努力。司马懿在曹操、曹丕、曹叡时屡立军功，威望不断上升，权力不断增长。魏帝曹芳时，司马懿通过高平陵政变，一举除掉政治对手曹爽集团，又镇压了王凌的起兵反抗，掌握了曹魏大权。司马懿去世后，长子司马师出任大将军、都督中外诸军事、录尚书事，继续掌握军政大权。他将李丰、张缉、夏侯玄等人发动的政变扑灭于萌芽之中，又废掉魏帝曹芳，另立曹髦为帝。毌丘俭、文钦等人不服，起兵反抗。镇压此次兵变之后，四十八岁的司马师也走完了他的人生道路。司马师的弟弟司马昭继续出任大将军、都督中外诸军事。在任期间，平定诸葛诞淮南之变；杀死魏帝曹髦于宫中，另立曹奂为新帝；出兵益州灭掉蜀汉，改变了三国鼎立的格局；晋封为晋王，为登帝位做好准备。但司马昭称帝的最后一步还没来得及迈出，便走完了五十五岁的人生历程。

司马氏祖孙三代所进行的是一场政治接力长跑，司马懿是第一棒，为西晋王朝建立奠基；司马师、司马昭兄弟是第二棒，为西晋王朝建立准备条件；司马炎是第三棒，水到渠成取代曹魏。司马炎达到了顶点，也开始了西晋政治的拐点。在这个过程中，有两个问题耐人寻味，值得深思。

一、司马昭与曹操比较

曹魏明帝去世以后，司马氏与曹氏两大政治集团的斗争从未停止，且有愈演愈烈的趋势。公元254年，司马氏取代曹魏的政治进程进入了关键时期。这一年年初，魏帝曹芳与中书令李丰、光禄大夫张缉等人密谋，欲以夏侯玄代替司马师辅政。司马师闻讯，立即组织反击，杀死李丰、张缉、夏侯玄等人。九月，废掉魏帝曹芳，另立曹髦。不料按下葫芦起了瓢，次年正月，镇东大将军毌丘俭、扬州刺史文钦起兵反对司马师。司马师率师亲征，虽然平定了叛军，却因旧病复发，且日益加重，病死在许昌。

处于绝望中的魏帝曹髦似乎又看到了反扑的机会。他下了一道诏书，以东南刚刚平定为借口，命司马昭镇守许昌，让尚书傅嘏率六军回京师。曹髦想用这个机会使司马昭与军队分离，乘机剥夺他的兵权。这种小儿科的把戏当然蒙骗不了深谙权谋的司马昭，他并没有执行曹髦的诏书，而是与傅嘏一起亲自率军回洛阳。曹髦的如意算盘落空，只好让司马昭继任大将军辅政。[①]

这是司马氏与曹氏政治斗争的关键回合，这个回合的胜利，使军权牢牢掌握在司马昭手中。

从司马懿到司马昭，司马氏进入了这样一种怪圈：他们在加强自己权力巩固自己地位的斗争中，不断地取得一个又一个的胜利，然而这些胜利并没有带给他们定下心来享受的机

[①]《晋书》卷二《文帝纪》载："景帝崩，天子命帝镇许昌，尚书傅嘏帅六军还京师。帝用嘏及钟会策，自帅军而还。"《三国志》卷二十八《魏书·钟会传》载："毌丘俭作乱，大将军司马景王东征，会从，典知密事，卫将军司马文王为大军后继。景王薨于许昌，文王总统六军，会谋谟帷幄。时中诏敕尚书傅嘏，以东南新定，权留卫将军屯许昌为内外之援，令嘏率诸军还。会与嘏谋，使嘏表上，辄与卫将军俱发，还到雒水南屯住。于是朝廷拜文王为大将军、辅政，会迁黄门侍郎，封东武亭侯，邑三百户。"

会，而是逼迫他们必须面对新的斗争，赢得新的胜利，否则，他们前面所取得的胜利便都前功尽弃。推动司马氏在这种怪圈中旋转的有两种力量。一种是反对司马氏专权的曹魏旧臣。他们有的与曹魏宗室关系密切，如李丰是皇室亲家，张缉是皇家外戚。他们眼见司马氏的权力越来越大，自己的权力地位受到越来越严重的威胁，所以图谋限制司马氏的势力。而斗争的结果，又把更多的反对力量裹了进来。例如毌丘俭，与夏侯玄、李丰等人关系甚密，夏侯玄、李丰被杀，毌丘俭为自身安全考虑，自然要起兵反对司马师。另一种是曹魏皇帝。因为司马氏势力的壮大，是以削弱皇帝的权力为前提的，二者的关系呈此消彼长的状态。

司马氏面对这两种力量，在政治和军事上占有优势。在政治上，他们得到了世家大族的支持，这是一股在政治上新兴起来的力量。在军事上，他们控制着国家的武装。然而在道义上，司马氏却捉襟见肘。名分上司马氏毕竟是臣子，臣子时时威胁着君主的安全，便违反了"忠"的道德准则，在道义上则授反对派以把柄，使他们兴兵讨伐有了义正词严的口实。毌丘俭起兵，宣布司马师十一大罪状，其中"坐拥强兵，无有臣礼"，"为臣不忠，为子不孝"，"有无君之心"，"矫废君主"，"逼恐至尊"，"不奉法度"，每一条都把司马氏逼到了道义上的绝境。[①]

司马氏可以用武力打败对手，但无法在道义上证明自己符合忠君的规范。这是司马氏的天然缺陷，唯一的办法就是代替

---

① 《三国志》卷二十八《魏书·毌丘俭传》裴注引毌丘俭上表。

曹魏皇帝，自己成为天下君主，这样就可以要求别人尽忠，自己则免去了忠君的义务。所以，到了司马昭这里，做了两件大事，对最终代替曹魏具有决定性的意义。

第一件事，杀死魏帝曹髦。司马昭杀死魏帝曹髦，标志着他比其父兄走得更远。司马懿只是杀死曹爽，但没有对皇帝动手。司马师对皇帝进行废立，未起杀戮之心。司马昭则对魏帝不但剥夺其政治权力，而且剥夺其生存权利。这表明其除掉取代曹魏道路上一切障碍的决心。

第二件事，灭掉蜀汉，打破三国鼎立的格局。这件事无论对中国历史进程还是对司马昭代魏都具有重要意义。司马昭主政时期，完成了这样一件大事，可以说立下不世之功，无人可及。灭蜀之后，司马昭先接受了晋公的封号，不久又进爵为晋王，就像当年的曹操一样，离帝位只差一步之遥了。

司马昭有很多地方确实与曹操很像：曹操统一北方，司马昭灭掉蜀汉；曹操挟天子以令诸侯，司马昭玩弄魏帝于股掌之上；曹操虽称魏王，却享受皇帝的一切待遇，司马昭最后称晋王，也具有皇帝一般的权力；曹操娴熟于权术，司马昭擅长于弄权；曹操镇压反对派毫不手软，司马昭对待政敌斩尽杀绝。

然而，人们在评价这两个人的时候，论断却大不相同。曹操被认为是非常之人，超世之杰，用鲁迅先生的话讲，"曹操是一个很有本事的人，至少是一个英雄"。而司马昭却被人们认为是个野心家，"司马昭之心路人皆知"，这句话流传了上千年，一直没有变过。

到底是什么使司马昭与曹操有这样的区别呢？换言之，两个人的差别到底在什么地方？

毫无疑问，曹操与司马昭都是非常聪明之人。但是，曹操除了把聪明才智用到与司马昭相同的地方，还用到了政治、军事、文学等领域的思想建树方面。这里的"思想"是哲学意义上的，即通过意识中的思维活动对客观现象形成的具有理论意义的观念。曹操在政治思想方面论述很多，如"定国之术在于强兵足食"，"治平尚德行，有事赏功能"，"有国有家者，不患寡而患不均，不患贫而患不安"，"唯才是举"，"取士勿废偏短"，"治定之化，以礼为首；拨乱之政，以刑为先"等论断都非常著名，而且影响后世深远。在军事方面，他主张"用干戚以济世"，即武力为救助社会服务，提出"恃文者亡"，"恃武者灭"，主张文武并用，不可偏执一端。在文学方面，他主张清简，反对浮华，主张诗文以言志，反映社会现实。他的著名诗篇《薤露行》《蒿里行》《却东西门行》《观沧海》《龟虽寿》等体现了这些主张。比起权术谋略来，此类思想是更高层次的大智慧，而权术谋略只是低层次的小聪明。司马昭不乏权术谋略，但缺少曹操那样的思想建树，这使他只能成为政客和野心家，而不能成为超世的英雄。

二、两种兄终弟及

中国历史上的王位继承，曾经有过"兄终弟及"制度和"父死子继"制度。前者是严密的宗法制度没有确立的结果，后者是嫡长子继承制成熟的表现。在历史发展进程中，殷商是"兄终弟及"，姬周是"父死子继"，这个发展顺序，也说明两种王位继承制度的更替与宗法制度发展成熟的关系。

然而，三国曹魏以后，司马氏家族的继承方式也存在两种。先是父死子继，司马懿去世后由长子司马师继承；接着是兄终弟及，司马师去世后由弟弟司马昭继承；然后又返回到父死子继，作为嫡长子的司马炎继承了王位。这种现象很难从宗法制度角度去解释，因为这时候宗法制度已经过长期发展相当成熟。况且司马家族的继承现象是，父死子继在先，兄终弟及在后，不能解释为司马家族从嫡长子继承后退到宗法制度极不成熟的状态。

司马氏家族的继承现象，只能从血缘宗亲关系与利益关系之间权衡的角度去考察。

司马炎建立西晋后，推崇以"孝"治天下。人们认为，这是因为司马氏作为曹魏的臣子，却篡夺了曹魏的天下，"忠"字自然羞于说出口，只能以"孝"弥补道义上的不足。这种分析毫无疑问是具有说服力的。然而人们忽视了以孝治天下的另一面：作为以儒学传家的司马氏家族，对孝悌的提倡是出自内心的，而孝悌所维系的就是家族兄弟间的血缘关系。司马炎是非常重视血缘关系的，有两件事可以充分说明。

第一件事，他不顾众人反对，坚持让长子司马衷做自己的接班人。司马衷不是坐天下的料。有人说他是个白痴，这虽然有些夸张，但说他平庸，平庸得乃至不会治理国家则是千真万确的。史书上记载这样一件事：有一年全国发生灾荒，饿死了很多百姓。司马衷听说后问他身边的人："他们为什么不吃肉粥呢？"很多人对他被立为太子做皇帝的继承人很不放心。太子太傅卫瓘多次想启奏司马炎改立太子，又怕说出来惹他不高兴。有一次司马炎在凌云台举行宴会，卫瓘假说喝醉了，跪在司马炎的座位前，说："臣有事要启奏。"司马炎问："你有什么事？"卫瓘几次欲言又止，最后摸着皇帝的宝座说："此座可惜！"

司马炎曾对司马衷的才能进行过考查。他把东宫太子的属官全都召集在一起，使司马衷手下无人，然后派人给司马衷送去密封的文件，写的是需要处理的几件事。信送进去之后，使者就在外面等着。司马衷的妃子贾氏急忙请人代笔答复，所作答复多引经据典。一个叫张泓的人说："太子不学，人皆知晓。引经据典会露出破绽，不如直以意对。"贾氏大喜，让张泓草拟答复，然后让司马衷抄写一遍，送给司马炎。这次所谓"考查"，其实是为了堵住众人的嘴。因为司马衷的才能如何，不用别人说，司马炎是非常清楚的。史书记载说，司马炎认为太子司马衷不堪奉大统，与皇后杨氏密谋。杨氏说："立嫡以长不以贤，岂可动乎？"明知道太子不堪奉大统，却坚持立嫡以长不以贤，这是司马炎与皇后所取得的"共识"。所以，当他拿到由张泓起草的答复时，根本不去辨别真伪，首先拿给反对司马衷做继承人的卫瓘看，使其在皇位继承人的问题上不敢再说三道四。

第二件事，大肆分封同姓宗室。司马炎称帝后，封皇叔祖父司马孚为安平王，皇叔父司马幹为平原王，司马亮为扶风王，司马伷为东莞王，司马骏为汝阴王，司马肜为梁王，司马伦为琅邪王，皇弟司马攸为齐王，司马鉴为乐安王，司马机为燕王，皇从伯父司马望为义阳王，皇从叔父司马辅为渤海王，司马晃为下邳王，司马瓌为太原王，司马珪为高阳王，司马衡为常山王，子司马文为沛王，司马泰为陇西王，司马权为彭城王，司马绥为范阳王，司马遂为济南王，司马逊为谯王，司马睦为中山王，司马陵为北海王，司马斌为陈王，皇从父兄司马洪为河间王，皇从父弟司马楙为东平王。

为了加强封国的权力，司马炎还实行封国领兵制。将所封的王国分三等，大国置上、中、下三军，共五千人；中国置上、下二军，共三千人；小国置一军，一千五百人。同时撤销州郡兵。此前，州刺史、郡守为地方军政长官，拥有兵权，故州刺史称州将，郡守又称郡将。灭吴以后，"州郡悉去兵，大郡置武吏百人，小郡五十人"。

司马炎重视血缘关系是可以理解的。司马氏代替曹魏政权建立西晋的过程中，血缘宗亲一直是强有力的支持力量。司马炎称帝后，认为曹魏亡在"强干弱枝"，宗室受控过严，皇权孤立无援，这种认识更加强了他对血缘宗亲的依靠。

俗话说，打虎亲兄弟，上阵父子兵。血缘之亲的确是不可忽视的力量。但是，打虎之后亲兄弟有可能为分虎皮虎骨而闹翻，胜利之后亲父子有可能为分配果实而绝情。血缘关系要接受利益关系的考验。当利益的矛盾并不突出的时候，血缘关系能够维持得很好，当利益的要求高于血缘关系时，血缘关系就岌岌可危了。司马炎所依靠的血缘宗亲，同样具有这样的两面性。

司马攸是司马炎的亲弟弟，因为司马师没有儿子，所以司马攸很早就过继给司马师做嗣子。这就意味着司马攸将是司马师的继承人。然而司马师死后，继承他权位的不是嗣子司马攸，而是弟弟司马昭。司马昭大概也觉得自己的行为不符合长子继承的法统，常说"此景王之天下也"，表示要立司马攸为世子。但是他在临终前，还是把继承权交给了司马炎。在王位继承这件利益攸关的大事上，司马昭把兄弟之情完全丢到了一边。

司马炎晚年，由于诸子并弱，太子司马衷不才，朝臣内外全都认为司马攸应该做帝位继承人。为了保住太子地位，司马炎逼司马攸离开京城到自己的封国。当时司马攸重病缠身，抱病上路，当下即呕血而死。在帝位继承这件利益攸关的事上，司马炎也完全不顾兄弟之情。

力挺无能太子是为了保证自家的皇统，大封诸王和让王国领兵，是为了通过血缘宗亲加强对中央朝廷的支持。但前者削弱了中央的权力，后者则让诸王们集军、政、财权于一身，手握重兵，坐大封国，埋下了弄权分裂、酝酿内斗的祸根。二者合在一起，形成了西晋王朝短命的重要原因，这大概是注重血缘的司马炎所始料不及的吧。

武器库、小吏画像石（东汉），山东沂南县北寨村出土。现藏山东沂南汉墓博物馆

智囊桓范的虑计之失

曹魏正始十年（249）正月，司马懿趁大将军曹爽陪皇帝曹芳出城祭扫高平陵之机，在洛阳城内发动了政变，以皇太后的名义免去大将军曹爽、中领军曹羲、武卫将军曹训、散骑常侍曹彦的职务，旋又逮捕了曹爽、曹羲、曹训、何晏、邓飏、丁谧、毕轨、李胜、桓范、张当等人，处以斩刑，夷灭三族。

从政治斗争角度说，曹爽集团的覆灭是必然的，因为这个集团多数是贪腐、无能、愚蠢、庸碌之辈。

只有桓范例外。

桓范例外，首先是其他人的反衬。试看曹爽集团除桓范以外诸人在高平陵政变前后的表现。

曹爽的父亲曹真，明帝时任大将军，受遗诏与司马懿一起辅佐幼主。曹真去世后，曹爽接替了父亲的位置。曹爽权力欲极强，把司马懿排挤出权力圈。从此，曹爽自以为得计，肆无忌惮，为所欲为。史载，其饮食车服，拟于乘舆。尚方珍玩，充牣其家。妻妾盈后庭，又私取先帝才人七八人，及将吏、师工、鼓吹、良家子女三十三人，皆以为伎乐。诈作诏书，发才人五十七人送邺台，使先帝婕妤教习为伎。擅取太乐乐器、武库禁兵。作窟室，绮疏四周，数与晏等会其中，饮酒作乐。然而政变发生后，曹爽却惊慌不知所措，听信司马懿的许诺，放弃了抵抗，幻想着继续做富家翁。

曹羲虽然比曹爽清醒，在政变发生前多次劝告曹爽不要骄奢淫逸，但劝告无效后只会涕泣不已。政变发生后，也主张束手就擒。在以侯就第被软禁在家后，曹氏兄弟仍心存侥幸，给司马懿写信乞食，试探他的意图。当他们收到司马懿派人送来的食物时,"兄弟不达变数,即便喜欢,自谓不死"。

何晏,是东汉大将军何进之孙。母尹氏是曹操夫人。何晏自幼长于宫中,后又娶公主,所以行事无所忌惮,常与魏太子曹丕争衡。曹丕憎之,即皇帝位后始终不予重用。至正始初,由于曲合于曹爽,亦以才能,故被任为散骑侍郎,迁侍中尚书。曹爽得势后,何晏仗势,分割洛阳、野王典农部桑田数百顷,及坏汤沐地以为产业,承势窃取官物,因缘求欲州郡。有司望风,莫敢忤旨。何晏与廷尉卢毓素有不平,因卢毓微过,深文致毓法,使主者先收毓印绶,然后奏闻。高平陵政变后,司马懿让何晏主审曹爽之狱,何晏本为曹爽党羽,却穷治曹党,希望以此获得司马懿的宽宥。他判定曹、邓、丁、毕、李、桓、张七姓死罪,司马懿却说:"不对。应该有八个姓族。"何晏被问急了,说:"您是说还有何晏吗?"司马懿说:"对了!"便命人抓了他,与曹爽等人一起处死。

邓飏,字玄茂,东汉著名将领邓禹的后代。邓飏与李胜等曹魏明帝时为浮华友,魏明帝曾下"其浮华不务道本者,皆罢退之"的诏书,因此二人皆被罢官,不复用。正始初,邓飏出为颍川太守,转大将军长史,迁侍中尚书。邓飏为人好货,在中书省任职时,臧艾把父亲的妾送给邓飏而得到官职,以至于京师有"以官易妇邓玄茂"之谣。

丁谧,字彦靖,魏明帝时任度支郎中,素与曹爽亲善。曹爽辅政,乃拔丁谧为散骑常侍,遂转尚书。丁谧为人外似疏略,而内多忌。他虽与何晏、邓飏等同位,又同在曹爽阵营,但却看不起何、邓二人,只对曹爽敬而从之。当时有一句话说"台中有三狗,二狗崖柴不可当,一狗凭默作疽囊"。三狗即何晏、邓飏、丁谧，默为曹爽小字。意思是三狗皆欲咬人，而丁谧尤甚。

毕轨，字昭先，魏明帝时任黄门郎，其儿子娶曹魏公主，居处殷富。毕轨在任并州刺史时，以骄豪闻名。因出击鲜卑轲比能失利，被中护军蒋济上表弹劾。正始年间，任中护军，转侍中尚书，迁司隶校尉。素与曹爽善，每言于爽，多见从之。

李胜，字公昭，魏明帝时因犯浮华之禁被禁锢数岁。曹爽辅政时，因与曹爽关系甚密而出任洛阳令，又历任荥阳太守、河南尹。高平陵政变前夕，李胜被任命为荆州刺史，受曹爽之命，借辞行之名到司马懿家中探听虚实，被司马懿骗得团团转，回去向曹爽报告，说司马懿言语倒错，口不摄杯，指南为北，并流着同情的眼泪说："太傅患不可复济，令人怆然。"

上述邓飏、丁谧、毕轨、李胜在高平陵政变前庸劣如此，政变之后也没提出任何积极谋划，没有表现出任何应变的能力。

死于高平陵政变的曹、何、邓、丁、毕、李、桓、张八姓族中，桓范是鹤立鸡群的佼佼者。

桓范，字元则，沛国人。沛国桓氏是东汉望族。经学大师桓荣，是光武帝刘秀为太子刘庄选定的老师，官至太常。汉明帝刘庄即位后，封其为关内侯。桓荣子桓郁"经授二帝，恩宠甚笃，赏赐前后数百千万，显于当世。门人杨震、朱宠，皆至三公"。桓荣孙桓焉，为安帝、顺帝的老师，官至太尉。史称自东汉建立以来，桓氏尤盛，自桓荣至桓焉的孙子桓典，"世宗其道，父子兄弟代作帝师，受其业者皆至卿相，显乎当世"。桓典是桓氏第五代孙，桓范是第六代孙，所以桓范是名副其实的"世为冠族"。

桓范有文才，有思想。他曾参与编纂《皇览》的工作，又抄撮《汉书》中诸杂事，加以思考辨析，写成《世要论》。他在《世要论·序作》中说：

> 夫著作书论者，乃欲阐弘大道，述明圣教，推演事义，尽极情类，记是贬非，以为法式，当时可行，后世可修。且古者富贵而名贱废灭，不可胜记，唯篇论俶傥之人为不朽耳。夫奋名于百代之前，而流誉于千载之后，以其览之者益，闻之者有觉故也。岂徒转相放效，名作书论，浮辞谈说而无损益哉！而世俗之人，不解作体，而务泛溢之言，不存有益之义，非也。故作者不尚其辞丽，而贵其存道也；不好其巧慧，而恶其伤义也。故夫小辩破道，狂简之徒，斐然成文，皆圣人之所疾矣。

这反映了桓范的两个思想：一个是作论为了阐弘大道，述明圣教，记是贬非，流誉千载；另一个是反对浮辞丽藻。可见桓范与何晏、邓飏等浮华之徒是不一样的。桓范的文才出众，思想丰富深刻，曹爽等七姓族与之完全不在一个量级上。

其次，桓范在高平陵政变发生后也有机智的表现。当时他还在洛阳城里，司马懿已经以太后名义下了废除曹爽兄弟职务的诏旨，其子司马师已经率兵屯驻司马门，王观代理中领军职务接管了曹羲的军营，司马懿和太尉蒋济屯于洛水浮桥。桓范飞马奔至平昌门，当时平昌门已经关闭，守卫城门的负责人司蕃是桓范的故吏。桓范呼叫司蕃，举着手中的笏板骗他说："有诏召我，卿促开门！"司蕃不信，要看诏书，桓范大声呵斥道：

"卿非我故吏邪,何以敢尔?"司蕃无法,只得开城门。桓范出城后,对司蕃说:"太傅图逆,卿从我去!"司蕃徒步,追之不及,眼见桓范跃马扬鞭,绝尘而去。

见到曹爽后,桓范给他出主意,劝他把少帝曹芳带到许昌,以天子名义征集四方军队讨伐司马懿。他对曹羲说:"城内军营虽被接管,但城外阙南还有别营,洛阳典农的治所也在城外,所以很容易召唤。从这里到许昌,不过半夜的路程。许昌别库里的物资,足够我们使用。我手中又有大司农印章,不愁没有粮食。"他见曹爽兄弟犹豫未决,便对曹羲曰:"当今日,卿门户求贫贱复可得乎?且匹夫持质一人,尚欲望活,今卿与天子相随,令于天下,谁敢不应者?"

如果曹爽听了桓范的计策,就有了挟天子以令诸侯的主动权,会给司马懿政变的前景增加不确定性的变数。难怪当司马懿听说桓范已经出城,不无忧心地说:"智囊往矣。"

然而智者之虑抑或有失。桓范虽然聪明,但他在高平陵政变前后起码存在两失。

一失是害死了妻子。桓范之妻名仲长,是个有见识的聪明人。桓范在明帝时任征虏将军、东中郎将,使持节都督青州、徐州诸军事。在此期间,桓范与徐州刺史郑岐争屋,欲用手中持节的权力斩杀郑岐。郑岐上书弹劾桓范,朝廷认为桓范以权谋私,将他免职。后来桓范又被任为兖州刺史,但他心中仍怏怏不快,之后听说又要任他为冀州刺史,心中的不快终于爆发。原来冀州刺史统属于镇北将军,而镇北将军吕昭本在桓范之后。桓范对他的妻子抱怨说:"我宁作诸卿,向三公长跪耳,不能为吕子展屈也。"其妻说:"君前在东,坐欲擅斩徐州刺史,众人谓君难为作下，今复羞为吕屈，是复难为作上也。"桓范的妻子仲长可谓一语中的，桓范对妻子的劝告十分恼火，便用刀环撞其腹部。当时其妻正怀孕，后因流产而死。司马懿发动政变，以桓范为晓事，乃指召之，欲使领中领军。桓范欲应召，而其子不让他应司马懿之召，说皇帝在城外，不如南出。在儿子一再促使下，桓范终于义无反顾地冲出城去。假使当初桓范不害死妻子，以其妻之聪明，必不会劝他出城。因此，桓范在高平陵政变中的失计有一种今昔因果关系，即昔日之失导致今日之败。

二失是对曹爽及司马懿都有错误的认识。桓范冒死出城，并为曹爽献策，然而曹爽却驽马恋栈豆，最终拒绝了挟天子都许昌之策。曹爽并无远虑，他认为司马懿此举，不过是让他们兄弟服软顺从而已，即使不再当官，仍不失做富家翁。桓范显然没有认识到曹爽兄弟的短视和浅薄。曹爽决定投降，桓范也随着曹芳回洛阳城，在洛水浮桥北，望见司马懿，马上下车，叩头无言。司马懿假意安抚，对桓范说："桓大夫何必如此！"司马懿这样对待桓范，是因为一时找不到加给他的合适的罪名，在找到合适罪名后，司马懿是绝对不会放过他的。果然，在守卫平昌门的司蕃供出桓范出城后所说"太傅图逆"之语后，司马懿便据"诬人以反，反受其罪"的科律判处桓范死罪。士兵绑缚桓范时，桓范还说"我亦义士耳"，称自己的行为符合"义"的精神。

桓范企图用"义"来说明自己无罪，显然错误地理解了司马懿眼中的"义"。在高平陵政变后，司马懿确实有不追究曹爽部下之举。扶风人鲁芝，任曹爽大将军司马。曹爽陪曹芳祭扫高平陵，鲁芝被留在将军府。政变发生后，鲁芝率领营中骑兵强行冲出津门给曹爽报信。政变之后，曹爽被杀，鲁芝反而被升为御史中丞。杨综任曹爽大将军主簿，随曹爽往高平陵，政变发生后，曹爽要交出兵权，杨综谏道："您现在具有挟主握权的优势，您要丢掉这个优势引颈受戮吗？"曹爽被杀后，杨综却被任为尚书郎。司马懿对鲁芝、杨综不杀反用的理由是"各为其主"。

"各为其主"才是司马懿为"义"规定的特定内涵，而桓范作为朝廷的大司农，支持曹爽不是"为其主"的义举，而是背叛朝廷的逆行。桓范称自己的行为为义举，显然没有认清司马懿所认可的义举是什么。在这个问题上，桓范不如一个名叫辛宪英的女子。

辛宪英是颍川人辛毗的女儿，为人聪明，有见识。曹操在世的时候，两个儿子曹丕和曹植曾经争夺太子之位，最后曹丕胜出。曹丕欣喜异常，对辛毗说："君知我喜不？"辛毗回家后把这件事告诉了辛宪英，辛宪英说："太子，代君主宗庙社稷者也。代君不可以不戚，主国不可以不惧，宜戚而喜，何以能久？魏其不昌乎。"可见辛宪英的见识比一般人要深刻。辛宪英的弟弟名辛敞，任曹爽大将军参军。高平陵政变时，辛敞正在家中。鲁芝率兵犯门斩关，出城奔赴曹爽，并到辛敞家要他一起去。辛敞不知该不该随鲁芝同去，于是便与姐姐有以下对话：

> 敞惧，问宪英曰："天子在外，太傅闭城门，人云将不利国家，于事可得尔乎？"宪英曰："天下有不可知，然

以吾度之，太傅殆不得不尔。明皇帝临崩，把太傅臂，以后事付之，此言犹在朝士之耳。且曹爽与太傅俱受寄托之任，而独专权势，行以骄奢，于王室不忠，于人道不直，此举不过以诛曹爽耳。"敞曰："然则事就乎？"宪英曰："得无殆就。爽之才非太傅之偶也。"敞曰："然则敞可以无出乎？"宪英曰："安可以不出！职守，人之大义也。凡人在难，犹或恤之；为人执鞭而弃其事，不祥，不可也。且为人死，为人任，亲昵之职也，从众而已。"敞遂出。宣王果诛爽。事定之后，敞叹曰："吾不谋于姊，几不获于义。"

这段对话反映了辛宪英对政变的四个判断。第一个判断，司马懿发动政变的目的，不是人们所传的将不利于国家，而不过是要诛除曹爽及其势力，与国家利害无关。第二个判断，司马懿必然成功，曹爽必败，因为曹爽之才非司马懿之偶。第三个判断，这个事件的性质，即未来由谁独掌大权。魏明帝临死前，委托司马懿和曹爽共同辅佐年仅八岁的小皇帝曹芳。皇帝幼小且又是皇室的旁枝疏节，"俱受寄托之任"的曹爽和司马懿是实际掌握实权的人。搞掉一个，另一个必然是大权独揽。曹爽逼退司马懿之后，形成"独专权势，行以骄奢，于王室不忠，于人道不直"的局面，这个局面不会因为搞掉曹爽而发生丝毫改变。第四个判断，辛敞应该随鲁芝奔赴曹爽。因为他是在曹爽手下任职，在人手下当差为之尽职，是义举，相反，为人执鞭而弃其事，则是不义。果然，辛敞并没有因为随鲁芝奔赴曹爽而受到司马懿惩罚，反而被司马懿认为是各为其主的

"义举"，最终官至卫尉。

辛宪英的判断非常准确，准确的判断源于深刻的认识。她劝辛敞随鲁芝出奔曹爽，是因为她料定此种行为符合司马懿所认可的"义"。她的认识逻辑是，曹爽独专权势时"于王室不忠，于人道不直"，而司马懿战胜曹爽，成为另一个独裁者，也不会忠于朝廷、合于人臣之道。后来事情的发展的确如此。高平陵政变次月，司马懿增封八县，邑二万户，奏事不名。十二月，加九锡之礼。第二年，在洛阳立司马家庙，又以有病为由，不入朝奏请，每有大事，都是皇帝亲至其家咨访，和曹操当年对待献帝的做法如出一辙。唐太宗李世民曾评价司马懿高平陵政变说：

> 天子在外，内起甲兵，陵土未干，遽相诛戮，贞臣之体，宁若此乎！尽善之方，以斯为惑。夫征讨之策，岂东智而西愚？辅佐之心，何前忠而后乱？

司马懿发动政变本身就有违忠贞之道，政变之后一系列行为亦于人道不直。司马懿自己虽然不忠，但却需要别人对自己忠诚，所以要肯定各为其主之"义"。在这一点上，辛宪英的认识要比桓范高明。

关羽读《春秋》背景刍议

《关羽擒将图》

《三国演义》第七十七回《玉泉山关公显圣，洛阳城曹操感神》说，关羽被杀后，人们在玉泉山为之立庙，庙中楹联写道：赤面秉赤心、骑赤兔追风，驰驱时无忘赤帝；青灯观青史、仗青龙偃月，隐微处不愧青天。清人所作关羽庙楹联，也"必以《春秋》为美谈"①。如今我们看关羽的塑像及画像，多为一手捋长髯，一手捧《春秋》。可以说，《春秋》和赤兔追风马、青龙偃月刀一样，已成为关羽外在的物化形象之一。关羽喜读《春秋》，史载确有其事。《三国志》卷三十六《蜀书·关羽传》注引《江表传》说："羽好《左氏传》，讽诵略皆上口。"《三国志》卷五十四《吴书·吕蒙传》注引《江表传》也说，关羽"长而好学，读《左传》略皆上口"，可见关羽与《春秋》关系之密切。关羽为什么会与《春秋》结下不解之缘？他读《春秋》的动机是什么？本文欲对此加以探讨。

一

　　关羽所生活的汉末三国时代，作为儒家五经之一的《春秋》已在社会上流传很广，阅读《春秋》已在社会上蔚成风气。

　　早在东汉中后期便出现了一批古文经学大师，他们在《春秋左传》的研究方面，个个都有高深的文化修养和学术功底。如河南荥阳人服虔，"有雅才，善著文论，作《春秋左氏传解》"，

---

① 梁章钜《三国志旁证》。

行之至今。又以《左传》驳何休之所驳汉事六十条"①。贾逵的父亲贾徽，从古文经学家刘歆学《左氏春秋》。贾逵"悉传父业，弱冠能诵《左氏传》及《五经》本文，以《大夏侯尚书》教授，虽为古学，兼通五家《穀梁》之说"②，可谓古今经双通的学者。马融"才高博洽，为世通儒，教养诸生，常有千数"。贾逵、郑众所注的《春秋》在当时被称为郑、贾之学，但马融仍嫌贾学"精而不博"，郑学"博而不精"，著《三传异同说》。马融的学生郑玄，先"师事京兆第五元先，始通《京氏易》《公羊春秋》"，后来"又从东郡张恭祖受《周官》《礼记》《左氏春秋》《韩诗》《古文尚书》"③，对古今经文都很精通。

东汉瓦解后，魏、蜀、吴三国鼎立，喜读《春秋》的政治家、军事家及儒者更是屡见不鲜。

曹魏政权中的王朗，曾做到司徒、司空之类的高官。他除了参与军国大事外，还"著《易》《春秋》《孝经》《周官》传，奏议论记，咸传于世"④。王朗的儿子王肃，"善贾、马之学，而不好郑氏"，他采会同异，为《春秋左传》作解，与其他著作《尚书》《诗》《论语》《三礼》《左氏》解等，"皆列于学官"⑤。贾逵最好《春秋左传》，任豫州刺史时，"常自课读之，月常一遍"。杜畿之子杜宽，以名臣门户，少长京师，而笃志博学，"经传之义，多所论驳，皆草创未就，惟删集《礼

---

① 《后汉书》卷七十九《服虔传》。
② 《后汉书》卷三十六《贾逵传》。
③ 《后汉书》卷三十五《郑玄传》。
④ 《三国志》卷十三《魏书·王朗传》。
⑤ 《三国志》卷十三《魏书·王朗传附王肃传》。

记》及《春秋左氏传》解,今存于世"。杜畿之孙杜预,大观群典,谓《公羊》《穀梁》,诡辩之言。又非先儒说左氏未究丘明意,而横以二传乱之。乃错综微言,著《春秋左氏经传集解》①,并声称自己有"左传癖"②。曹魏大将李典,"少好学,不乐兵事,乃就师读《春秋左氏传》,博观群书"③。率众灭蜀的名将钟会,十二岁就"诵《春秋左氏传》"④。上述诸人均为曹魏政权中军政要人,除此之外,还有一些名儒也以研习《春秋》著名。如乐安人孙叔然,受学郑玄之门,人称东州大儒,"作《周易》《春秋例》《毛诗》《礼记》《春秋三传》《国语》《尔雅》诸注,又注书十余篇"。贾洪、乐详在当时俱有"儒宗"之号,贾洪"好学有才,而特精于《春秋左传》",乐详少好学,建安初,听说南郡谢该善《左氏传》,乃从南阳步行至其处向其学习。并著成《左氏乐氏问七十二事》。大司农董遇自幼好学,早年在采负贩中,常挟持经书,投闲习读,最后成为当时著名的学者,亦善《左氏传》。⑤

在蜀汉政权中,精于《春秋》者也大有人在。如义阳新野人来敏,曾任刘备的典学校尉、太子家令等职,在刘璋统治益州时就已入蜀,史载他"涉猎书籍,善左氏《春秋》"⑥。梓潼涪人尹默,曾任刘备的益州牧、劝学从事等。早在刘备入蜀前,

---

① 《三国志》卷十六《魏书·杜畿附杜恕传》。
② 《晋书》卷三十四《杜预传》。
③ 《三国志》卷十八《魏书·李典传》注引《魏书》。
④ 《三国志》卷二十八《魏书·钟会传》裴注。
⑤ 以上见《三国志》卷十三《魏书·王朗传附王肃传》。
⑥ 《三国志》卷四十二《蜀书·来敏传》。

便远游荆州，从司马德操、宋仲子等学习古文经。"通诸经史，又专精于左氏《春秋》"，对刘歆、郑众、贾逵父子、陈元、服虔等人所注的《春秋》，"咸略诵述，不复按本"。刘备入蜀后，又受命"以《左氏传》授后主"。① 益州人李密也"治《春秋左氏传》，博览多所通涉"②。

在与蜀汉鼎足而立的孙吴政权中，许多军政要人也与《春秋》有着密切的关系。老臣张昭，"少好学，善隶书，从白侯子安受《左氏春秋》，博览众书"，"在里宅无事，乃著《春秋左氏传解》及《论语注》"③。诸葛瑾早在为孙吴效力前就曾游学洛阳，"治《毛诗》《尚书》《左氏春秋》"④。孙权曾劝大将吕蒙、蒋钦读些书，吕蒙说军务繁多，没有时间。孙权说："孤岂欲卿治经为博士邪？但当令涉猎见往事耳。卿言多务孰若孤，孤少时历《诗》《书》《礼记》《左传》《国语》，惟不读《易》。至统事以来，省三史、诸家兵书，自以为大有所益。如卿二人，意性朗悟，学必得之，宁当不为乎？宜急读《孙子》《六韬》《左传》《国语》及三史。"从此吕蒙折节学问，笃志不倦，学有所成，令鲁肃刮目相看。⑤ 交阯太守士燮，幼年曾游学于洛阳，师事颍川刘子奇，治《左氏春秋》。任交阯太守后，仍"耽玩《春秋》，为之注解"。陈国袁徽写信给荀彧赞士燮说："交阯士府君既学问优博，又达于从政……官事小阕，辄

---

① 《三国志》卷四十二《蜀书·尹默传》。
② 《三国志》卷四十五《蜀书·杨戏传》。
③ 《三国志》卷五十二《吴书·张昭传》。
④ 《三国志》卷五十二《吴书·诸葛瑾传》。
⑤ 《三国志》卷五十四《吴书·吕蒙传》注引《江表传》。

玩习书传,《春秋左氏传》尤简练精微,吾数以咨问传中诸疑,皆有师说,意思甚密。"① 广陵人张纮曾任孙权长史,幼年游学洛阳,于外黄从濮阳闿受《韩诗》及《礼记》《左氏春秋》②。河南人徵崇曾任孙权率更令,笃学立行,"治《易》《春秋左氏传》"③。吴郡人沈珩曾任孙权西曹掾,"少综经艺,尤善《春秋》内外传"④。

综上所述,研读《春秋》在三国时不是个别现象,它遍及魏、蜀、吴三国,出现在政治家、军事家、学者等各种社会群体中。关羽熟读《春秋》不是偶然孤立的,而是当时社会风气影响的结果。

二

我们更深一步研究就会发现,上述汉末三国时期研读《春秋》风气中,各社会群体所读的《春秋》几乎都是《春秋左氏传》。众所周知,《春秋》三传中,《公羊春秋》属今文经学,《左氏春秋》属古文经学。今文、古文两派在东汉中后期斗争十分激烈。今文经学者何休好《公羊》学,曾著《公羊墨守》《左氏膏肓》《穀梁废疾》向古文经学发难。郑玄对何休的理论进行猛烈的抨击。由于郑玄精通今、古文经学,所以批评起来鞭辟入里,一针见血。面对郑玄的批评,何休无力招架,只能哀

---

① 《三国志》卷四十九《吴书·士燮传》。
② 《三国志》卷五十三《吴书·张纮传》。
③ 《三国志》卷五十三《吴书·程秉传》注引《吴录》。
④ 《三国志》卷四十七《吴书·吴主传》注引《吴书》。

叹:"康成入吾室,操吾矛,以伐我乎!"[1]三国时《左氏春秋》在社会中的广泛影响,正是古文经学的全胜在《春秋》学领域的反映。古文经学之所以大获全胜,其最根本的原因就在于,它不但文化学术底蕴厚重,更重要的是它还是一门与当时社会现实相结合的学问。它一方面继承了古代的文化传统,另一方面又具有实用性,突出了经世致用的特点。说到经世致用,以郑玄为首的北方学派还有一个特点,就是在古文经学中吸取了一些今文经学的内容及观点。受这个特点影响,很多公羊春秋的观点也纷纷被人们引用。不过人们引用它们的时候,不是用今文经学的方法对"微言大义"进行阐释和发挥,而是把它们与当时的社会结合起来,利用它们解决各种现实问题。

(一)从《春秋》中寻找解决重大政治问题的根据

东汉末,董卓率兵进京,废少立献,后又杀主鸩后,把持朝政。山东各路诸侯纷纷起兵,结成军事同盟讨伐董卓。他们"咸以《春秋》之义,'卫人讨州吁于濮',言人人皆得讨贼"[2]。

董卓之后,曹操挟天子以令诸侯,权力一步步扩大,后来发展到可以"承制封拜诸侯守相"。汉献帝"赋予"曹操这种权力的诏书说:"其《春秋》之义,大夫出疆,有专命之事,苟所以利社稷安国家而已。"[3]此诏书发布于建安二十年,此时汉献帝早已成为曹操手中的政治傀儡,"封拜诸侯守相"形式上是"承制",实质上是曹操自己所具有的权力。这个权力在《春

---

[1] 《后汉书》卷三十五《郑玄传》。
[2] 《三国志》卷二《文帝纪》注引《典论》。
[3] 《三国志》卷一《武帝纪》注引《汉魏春秋》。

秋》中找到了合理的根据。

曹魏代汉，是当时社会生活中重大的政治事件。实现这个转变，不仅要有巨大的政治势力，强大的军事力量，还要有种种堂而皇之的历史依据。在这方面，《春秋》发挥了很重要的作用。就在曹魏代汉前夕，苏林、董巴上了一道奏章，说天有十二分野，代表地上十二国，岁星行至哪个分野，哪国国主就应天命。鹑火是周的分野，周文王始受命，岁星即在鹑火，至武王伐纣，岁星又在鹑火。所以《春秋传》说："武王伐纣，岁在鹑火，岁之所在，即我有周之分野也。"按照这个逻辑，曹操受命讨黄巾是中平元年（184），这年岁星在大梁，而大梁是魏国的分野。建安元年（196）岁星又在大梁，曹操即拜大将军。建安十三年岁星又在大梁，曹操被拜为丞相。如今岁星又在大梁，这是曹氏受天命的征兆。汉帝禅位于曹丕时，禅位诏书说："夫命运否泰，依德升降，三代卜年，著于《春秋》，是以天命不于常，帝王不一姓，由来尚矣。"①苏林、董巴的奏章是曹氏的旨意，汉帝的诏书也只是借汉帝的名义说曹氏想说的话，这都是为曹魏代汉制造舆论的。

吴蜀联盟，共拒曹魏，是三国时一个重大的政治课题。吴蜀夷陵之战后，蜀汉及时调整了战略方针，谋求与孙吴重建联盟，孙吴也倍感曹魏的威胁，希望与蜀国和好。孙吴黄龙元年（229）孙权正式称帝。蜀汉派卫尉陈震去东吴祝贺，公文最后有一句话："献子适鲁，犯其山讳，《春秋》讥之。"②意思是，当

---

① 《三国志》卷二《文帝纪》注引《献帝传》。
② 《三国志》卷三十九《蜀书·陈震传》。

初范献子出使鲁国，因问山名犯了鲁君的名讳，被《春秋》所批评。陈震表示自己不会犯历史的错误，以示对孙吴的尊敬。孙权接受了陈震的祝贺，并与蜀汉订立了盟约，规定灭魏以后中分天下，豫、青、徐、幽四州属吴，兖、冀、并、凉四州属蜀，司州以函谷关为界平分。盟书最后说，这种平分的办法是符合《春秋》"晋侯伐卫，先分其田以畀宋人"之意的。① 从《春秋》中吸取经验，寻找根据，从而使两国结盟这样的大事实现得更加顺利。

（二）用《春秋》的道理上书进谏

董卓之乱起，劫持汉帝至长安。关东诸侯起兵讨董卓，时王朗任徐州刺史陶谦治中，与别驾赵昱等谏陶谦曰："《春秋》之义，求诸侯莫如勤王。今天子越在西京，宜遣使奉承王命。"陶谦乃遣赵昱奉章至长安。②

曹军行军于麦田中，曹操下令不得践踏麦田，犯者死。但曹操马受惊踏入田中，犯了禁令。主簿引用《春秋》"罚不加于尊"之理，主张对曹操例外。③

董卓废少帝为弘农王，后又将其杀害。董遇从曹操西征，经孟津，过弘农王冢，曹操不知当拜谒否，顾问左右。董遇乃进谏曰："《春秋》之义，国君即位未逾年而卒，未成为君。弘农王即阼既浅，又为暴臣所制，降在藩国，不应谒。"曹操乃过而不拜。④

---

① 《三国志》卷四十七《吴书·吴主传》。
② 《三国志》卷十三《魏书·王朗传》。
③ 《三国志》卷一《魏书·武帝纪》注引《曹瞒传》。
④ 《三国志》卷十三《魏书·王朗传附王肃传》注引《魏略》。

曹操为魏王，崔琰任其尚书。当时未立太子，曹操爱曹植之才，欲立其为太子。崔琰上书谏曰："盖闻《春秋》之义，立子以长，加五官将（指曹丕）仁孝聪明，宜承正统。琰以死守之。"①

魏文帝曹丕欲立郭氏为皇后，中郎栈潜上书劝谏，奏书引用《春秋》"无以妾为夫人""无以妾为妻"的论述，指出如果仅仅由于宠爱就让郭氏登上后位，"使贱人暴贵，臣恐后世下陵上替，开张非度，乱自上起也"②。

魏文帝曹丕为太子时，常变易服乘外出田猎。崔琰上书谏曰："盖闻盘于游田，《书》之所戒，鲁隐观鱼，《春秋》讥之，此周、孔之格言，二经之明义。"后来鲍勋也说："昔鲁隐观渔于棠，《春秋》讥之。虽陛下以为务，愚臣所不愿也。"③

魏齐王曹芳嘉平年间，校事之官专横跋扈，他们"以刻暴为公严，以循理为怯弱。外则托天威以为声势，内则聚群奸以为腹心"。程晓乃上书谏说，校事之官乃武帝在"大业草创，众官未备"情况下临时所设之职，既不符合《周礼》"设官分职，以为民极"之要求，又非《春秋传》"天有十日，人有十等"之意。朝廷乃接受了程晓的意见，废除了校事之官。④

孙吴宝鼎二年（267），吴主孙皓营造新宫，制度弘广，饰以珠玉，所费甚多，农守并废。华覈上疏谏曰："昔鲁隐公夏城中丘，《春秋》书之，垂为后戒。今筑宫为长世之洪基，而犯天

---

① 《三国志》卷十二《魏书·崔琰传》。
② 《三国志》卷五《后妃传》。
③ 《三国志》卷十二《魏书·崔琰传》。
④ 《三国志》卷十四《程昱传附程晓传》。

地之大禁,袭《春秋》之所书,废敬授之上务,臣以愚管,窃所未安。"①

上书进谏引用《春秋》,以加强自己进言的说服力,可见其当时在社会上的影响。当然,不管进言多么有说服力,都不会百分之百被采纳。上述诸例中也有的谏言未被采纳,但都是当时具体环境所决定的,不能因此低估《春秋》的影响。

(三)用《春秋》标准评判各种行为

甘露五年(260),曹髦不满司马昭专权,密谋讨之,反被杀死。事后司马氏又以太后的名义废其为庶人,葬以民礼。司马孚、司马昭等人又上书说:"《春秋》之义,王者无外,而书'襄王出居于郑',不能事母,故绝之于位也。今高贵乡公肆行不轨,几危社稷,自取倾覆,人神所绝,葬以民礼,诚当旧典。"②用《春秋》"襄王出居于郑"的记载宣判了曹髦背母乱国之罪。

吴孙休永安六年(263),交阯郡吏吕兴等反,杀太守孙谞。曹魏下诏曰:"昔仪父朝鲁,《春秋》所美。窦融归汉,待以殊礼。今国威远震,抚怀六合,方包举殊裔,混一四表。兴首向王化,举众稽服,万里驰义,请吏帅职,宜加宠遇,崇其爵位。"用《春秋》褒奖仪父朝鲁之事肯定了吕兴背叛孙吴之举。③

公孙瓒的弟弟公孙越受袁术所遣,与袁绍将周昂争夺阳

---

① 《三国志》卷六十五《华覈传》。
② 《三国志》卷四《魏书·高贵乡公纪》。
③ 《三国志》卷四《魏书·陈留王纪》。

城，兵败被杀。公孙瓒认为弟弟之死，根源在于袁绍，乃起兵攻之。出兵前发征讨檄文，宣布袁绍十大罪状，其第九条说："《春秋》之义，子以母贵。绍母亲为婢使，绍实微贱，不可以为人后，以义不宜"，而却"据丰隆之重任，忝污王爵，损辱袁宗"，用《春秋》母以子贵之义宣布了袁绍污官爵、背祖宗之罪。①

曹魏正始十年（249），司马懿发动"高平陵之变"，诛杀了政敌曹爽及其党羽曹羲、曹训、何晏、邓飏、丁谧、毕轨、李胜、桓范、张当等人。宣布曹爽等人之罪说："《春秋》之义，'君亲无将，将而必诛'。爽以支属，世蒙殊宠，亲受先帝握手遗诏，托以天下，而包藏祸心，蔑弃顾命，乃与晏、飏及当等谋图神器，范党同罪人，皆为大逆不道。"司马懿以《春秋》"君亲无将，将而必诛"之义，给曹爽加上背叛朝廷的罪名和诛杀其党的根据。②

曹魏正元二年（255），毌丘俭、文钦起兵讨司马师，并上表曰："按师之罪，宜加大辟，以彰奸慝。《春秋》之义，一世为善，十世宥之。懿有大功，海内所书，依古典议，废师以侯就第。"③毌丘俭根据《春秋》"一世为善，十世宥之"的记载，采用一褒一贬的手法，宣布了司马师的罪行。

卢植是北方大儒，名著海内，号为儒宗。曹操北征柳城，过涿郡时，派人修卢植墓，进行祭奠，并发令说："孤到此州，

---

① 《三国志》卷八《魏书·公孙瓒传》注引《典略》。
② 《三国志》卷九《魏书·曹爽传》。
③ 《三国志》卷二十八《魏书·毌丘俭传》注引。

嘉其余风。《春秋》之义,贤者之后,有异于人。"[1]借以对卢植之子卢毓等人进行褒扬。

蜀汉名将姜维,镇守剑阁拒魏军,刘禅投降后被迫降魏。后又与魏将钟会图谋反魏,失败被杀,家人也受牵连。有一种意见认为,姜维投厝无所,身死宗灭,应该受到讥贬。郤正著论认为,这是凡人誉成毁败、扶高抑下之谈,"异乎《春秋》褒贬之义",从而肯定了姜维乐学不倦、清素节约的风范。[2]

东汉末刘繇任扬州刺史,孙策起兵江东后,刘繇曾与之对抗,后病卒。孙策西伐江夏,还过豫章,收载刘繇之丧,善遇其家。王朗给孙策写信说:"昔鲁人虽有齐怨,不废丧纪,《春秋》善之,谓之得礼,诚良史之所宜藉,乡校之所叹闻。"借以称赞孙策"敦以厉薄,德以报怨,收骨育孤,哀亡愍存,捐既往之猜,保六尺之托"之美德。[3]

(四)用《春秋》处理各种关系

审配用《春秋》处理袁谭、袁尚兄弟关系。袁谭是袁绍的长子,袁尚是少子。然袁绍偏爱袁尚,立袁尚为继承人。袁绍死后,袁氏兄弟举兵相攻,结果袁谭败。审配党附袁尚,乃写信给袁谭,劝其服从袁尚。信中有两个地方引用了《春秋》,其一:"《春秋》之义,国君死社稷,忠臣死王命。苟有图危宗庙,败乱国家,王纲典律,亲疏一也。"意思是劝袁谭服从袁绍的遗命,做死于王命的忠臣,不要图危宗庙败乱国家,否则

---

[1]《三国志》卷二十二《魏书·卢毓传》注引《续汉书》。
[2]《三国志》卷四十四《蜀书·姜维传》。
[3]《三国志》卷四十九《吴书·刘繇传》。

即使是亲人也不能逃脱律典的制裁。其二:"昔卫灵公废蒯聩而立辄,蒯聩为不道,入戚以篡,卫师伐之。《春秋传》曰:'以石曼姑之义,为可以拒之。'是以蒯聩终获叛逆之罪,而曼姑永享忠臣之名。父子犹然,岂况兄弟乎!"蒯辄是蒯聩之子,蒯聩无道,所以卫灵公不立蒯聩而立蒯辄,蒯聩不从,篡夺蒯辄之位,所以石曼姑率师伐之。审配用《春秋》斥蒯聩为叛逆之事,劝袁谭不要效法蒯聩。给袁谭写信劝其兄弟和好的还有荆州刘表,信中同样也引用了《春秋》。①

诸葛亮用《春秋》处理军事统帅与战争结果的关系。蜀汉建兴六年(228),诸葛亮率军第一次北伐,由于马谡失守街亭而首战受挫。诸葛亮上疏给后主,其中说道:"臣明不知人,恤事多暗,《春秋》责帅,臣职是当。请自贬三等,以督厥咎。"②诸葛亮用《春秋》责帅之义自贬三等,表现了他勇于承担责任、赏罚严明的作风。

邓艾用《春秋》处理在外军将与朝廷之间的关系。邓艾率军攻破成都灭掉蜀汉之后,由于与在洛阳的朝廷悬远,便自作主张,留陇右兵二万人,蜀兵二万人,煮盐兴冶,为军农要用,厚待蜀主刘禅以招降吴主孙休。司马昭听说后,便派人告诉邓艾,在做这些事情之前应当向朝廷报告,不应独断专行。邓艾回答说:"《春秋》之义,大夫出疆,有可以安社稷,利国家,专之可也。今吴未宾,势与蜀连,不可拘常以失事机。兵法,进不求名,退不避罪,艾虽无古人之节,终不自嫌以损于

---

① 《三国志》卷六《魏书·袁绍传》注引。
② 《三国志》卷三十五《蜀书·诸葛亮传》。

国也。"① "大夫出疆"之意前述曹操扩大自己权力时已引用过，此处邓艾又用来处理和朝廷的关系，可见当时人们对《春秋》实用主义的态度。

　　三国时期，许多政治家、军事家把《春秋》应用于社会政治、军事及其他领域，体现了古文经学经世致用的特点。可以说，这也是关羽读《春秋》的动机。关羽读《春秋》，绝不是为了当经学博士，而是为了用《春秋》的历史经验为他所生活的现实提供借鉴，用《春秋》的思想为解决他生活中的现实问题提供依据。他是刘备政治集团中的重要成员之一，面临着兴复汉室统一天下的重要使命，他是独当荆州一面的军事统帅，面临着北伐曹魏、处理与孙吴的关系等种种复杂而艰巨的任务。他虽然熟读《春秋》，但其重要的建树并不在《春秋》，而在于军事，重要的影响也不在《春秋》学问，而在其道德情操上。这些事实本身就是对关羽读《春秋》动机的最好说明。

---

① 《三国志》卷二十八《魏书·邓艾传》。

明人绘《三顾茅庐》

《隆中对》的成功与失误

诸葛亮的《隆中对》是一篇对三国政治格局产生巨大影响的策论文章，为后来的治史者不断地加以研究认识。在各种认识和看法中，有两种意见是较为偏颇的。一种认为，诸葛亮是先知先觉者，《隆中对》是天才的构想，只是刘备不听诸葛亮的话，才导致诸葛亮后来"出师未捷身先死"的悲剧。还有一种认为，诸葛亮的《隆中对》是没有任何条件可以支撑实现的主观愿望，在形势发生了根本变化之后，他仍照旧执行二十多年前的战略设想，实在是不度时宜，强而为之，可以说是聪明人干了糊涂事，给人民带来了很大的灾难。笔者认为，这两种看法都是不全面、不正确的。该如何认识诸葛亮及其《隆中对》呢？认识《隆中对》首先要基于这样一个前提：诸葛亮不是神，他是一个品德出众、智谋过人、治国有方、治军有法的人。正因为如此,《隆中对》作为刘备集团的指导性的政略和战略方针，既体现了政治家的深谋远虑，以及对当时政治军事形势发展的部分正确预见，但同时又存在着比较严重的缺陷。

一、《隆中对》的成功之处

《隆中对》是著名的策论文章，它飞扬的文采、完美的形式与其深邃的思想、精辟的论述一样著名。让我们完整地领略一下它的风采：

> 自董卓已来，豪杰并起，跨州连郡者不可胜数。曹操比于袁绍，则名微而众寡，然操遂能克绍，以弱为强者，

非惟天时，抑亦人谋也。今操已拥百万之众，挟天子而令诸侯，此诚不可与争锋。孙权据有江东，已历三世，国险而民附，贤能为之用，此可以为援而不可图也。荆州北据汉、沔，利尽南海，东连吴会，西通巴、蜀，此用武之国，而其主不能守，此殆天所以资将军，将军岂有意乎？益州险塞，沃野千里，天府之土，高祖因之以成帝业。刘璋暗弱，张鲁在北，民殷国富而不知存恤，智能之士思得明君。将军既帝室之胄，信义著于四海，总揽英雄，思贤如渴，若跨有荆、益，保其岩阻，西和诸戎，南抚夷越，外结好孙权，内修政理；天下有变，则命一上将将荆州之军以向宛、洛，将军身率益州之众出于秦川，百姓孰敢不箪食壶浆以迎将军者乎？诚如是，则霸业可成，汉室可兴矣。①

这篇长三百多字的策论文章有以下四个内容：

第一，精辟地分析了天下形势，预见到天下三分的未来。诸葛亮在隆中向刘备讲这番话时，三分的局势并不十分明显，江东地区有孙权，黄河流域有曹操，关中地区有马腾、韩遂，汉中地区有张鲁，益州有刘璋，荆州有刘表。而刘备呢？当时只是一个只有几千人马的荆州客居者而已。诸葛亮提到孙权、曹操，肯定了他们是当时天下的两极。他也提到了刘璋、刘表，但指出他们少志暗弱，必不能自守其地，荆、益二州必易其主。对于张鲁，诸葛亮只是轻描淡写一提而已，对马腾、韩遂则未提及。显然，在诸葛亮眼里，他们不但够不上天下的第

---

① 《三国志》卷三十五《蜀书·诸葛亮传》。

三极，甚至比起刘璋、刘表来也算等而下之了。诸葛亮眼中的第三极在哪呢？从他对刘备的态度，从他为刘备建立霸业出谋划策的《隆中对》来看，显然是认准了刘备是堪与曹操、孙权鼎足而立的第三极。

第二，指出了实现三分的途径，这途径用四个字概括就是"避实就虚"。具体地说就是，不与曹操争锋，不图谋取孙权。这个策略，是建立在对曹、孙两家力量正确认识的基础上的，是把曹、孙两家作为天下两极看待而做出的合乎逻辑的选择。与谁争锋，图谋谁呢？图谋荆州刘表，并与益州刘璋争锋。只要据有荆州，刘备就有了发展政治、军事、经济力量的基础，就有了谋取益州的根据地，只要跨有荆州、益州，天下三分的局面就形成了。避开曹、孙，谋取荆、益，这是适应当时形势的选择，是符合客观规律的选择，是明智的选择，是当时唯一有望成功的选择，也是《隆中对》最核心的要点。

第三，规划了建立霸业的战略和政略。诸葛亮在《隆中对》中提出了建立霸业的思想。儒家思想认为，尧、舜、禹三代是以王道治天下，这是儒家政治的最高层次。三代以下，霸道渐兴，其特点是注重实力、武力、权力。诸葛亮之所以提出要建立霸业，是因为他十分清楚所处的时代，这是一个中央集权瓦解的时代，一个地方实力派争夺地盘的时代，一个分裂割据的时代，一个只能谋求局部统一，再进一步实现全国统一的时代。在这个时代中，能取得局部统一，在政治上具有权力，军事上具有武力，经济上具有实力，就是实现了霸业。曹操起家最早，政治上挟天子以令诸侯，经济上兴屯田以实军资，军事上拥有雄兵数十万，可谓早就成就了霸业。孙权已历江东三世，政治上已根深蒂固，经济上"铸山为铜，煮海为盐，境内富饶，人不思乱"，军事上"兵精粮多，将士用命"[①]，"异人辐辏，猛士如林"[②]，也可谓霸业已成。在这种情况下，刘备要成就霸业，必须有一套完整的、具体的政略和策略。《隆中对》对此是这样规划的：跨有荆益，即利用荆州、益州的人力、物力建立雄厚的经济、军事基础。安抚荆州、益州南方的少数民族，稳定南中，开发南方，同时内修政理，建立稳固的统治。对外与孙权结好，建立孙刘联盟，共同抗拒曹操。可以说，这是刘备建立霸业的一整套政治、经济、内政、外交的策略。

第四，提出了"兴复汉室"的长远任务。前面我们曾说过，诸葛亮的"兴复汉室"不是要兴复桓、灵之世的汉室，而是要兴复像光武帝时期那样强大、统一、安定的兴盛之世。兴复汉室最实质的内容是恢复统一，所以，兴复汉室既是号召天下的口号，也是诸葛亮追求的最终目标。正因为它是个长远目标，所以诸葛亮在谈到这点时并未曾详细规划，他只是说待"天下有变"，从荆州、关中两路出兵夹击中原，灭掉曹魏。天下有变的具体内容是指什么？诸葛亮也不可能说得很具体。况且，即使是真的两路夹击中原成功，也还有与孙吴的关系问题，再下一步如何谋求全国统一，更是难以具体预见。

中国历史上曾有过许多英明的君主，这些君主手下有更多的谋臣智士，或君主向臣下问策，或臣下主动献计，便产生了数不清的策论文章。在这数不清的策论文章中，像《隆中对》

---

① 《三国志》卷五十四《吴书·周瑜传》裴注引《江表传》。
② 《三国志》卷四十八《吴书·三嗣主传》。

这样文采飞扬、结构规整、组织严密、内容丰富、具有深刻预见性的佳作却寥若晨星。诸葛亮是中国历史上绝无仅有的智者,《隆中对》是古代政论文中不可多得的佳作。它具有以下几个鲜明特点：

第一，预见性。关心未来是人们普遍的心理，尤其是在那动荡不安的年代，发展前景如何，未来命运如何，是人们普遍关心的问题，所以，汉末三国时，人们尤喜爱预测未来。官渡之战前，袁绍临出征时，他手下的谋臣沮授就把宗族之人召在一起，把自己的资财积蓄分给他们说："夫势在则威无不加，势亡则不保一身，哀哉！"宗人不明白沮授为何如此伤感，有人就说："曹公士马不敌，君何惧焉！"沮授却说："以曹兖州之明略，又挟天子以为资，我虽克公孙（指公孙瓒），众实疲弊，而将骄主怢，军之破败，在此举也。"[1]沮授在袁强曹弱的情况下，却预见到了袁绍破败，比起他的宗人来，可谓有预见性。颍川人荀彧，在董卓之乱时辞官回乡，对家乡父老说："颍川，四战之地也，天下有变，常为兵冲，宜亟去之，无久留。"而乡里人多恋家怀土，对荀彧的预见半信半疑。正巧，颍川人韩馥做了冀州刺史，急需人才，派人前来请荀彧。而家乡的族人由于怀土，也不相信荀彧的预见，许多人都没随荀彧走，错过了逃离灾祸的机会。后来，董卓派部将李傕等人出关东，"所过虏略，至颍川、陈留而还。乡人留者多见杀略"[2]。荀彧与那些未走的乡人相比，可谓有先见之明。毫无疑问，沮授、荀彧都是

---

[1] 《三国志》卷六《魏书·袁绍传》裴注引《献帝传》。
[2] 《三国志》卷十《魏书·荀彧传》。

那个时代的智者,他们预见之准确证明了他们眼光独到。但沮授所预见,是官渡之战袁绍的败局;荀彧所预见,是家乡要遭兵乱的前途。比起诸葛亮对天下三分的预见,他们所说之事要小得多。从袁绍出兵到官渡失败,时间不到一年;从董卓进京到董卓身亡,也就三年多。而从诸葛亮《隆中对》的提出,到刘备建立蜀汉,天下三分定局,这中间经历了十多年。也就是说,沮授、荀彧所预见的是一二年之内的事,而《隆中对》所预见的是十多年以后的事。在这十多年的时间中,天下大势的发展基本上按《隆中对》所预见的趋势进行。《隆中对》所预见之事之大,预见时间之长,预见结果之准,在当时的确找不出第二个。

第二,科学性。我们说《隆中对》的科学性,主要也是说它对天下大势预见的科学性。何谓科学?科学就是揭示事物的客观规律,就是认识事物的内在联系,也就是实事求是。衡量一个预见是否科学,主要有两个标准:一个是预见的结果要与事实发展的结果吻合,即人们通常说的"准";另一个是提出预见的根据是反映客观事物规律的,是令人信服的,二者缺一不可。如果所预见的事物与事实发展结果不符,即使把预见的依据说得天花乱坠,也谈不上科学性;如果所预见结果虽准,但没有客观依据,或依据不令人信服,就难免有"瞎猫碰见死耗子"之嫌。像这样不科学的预见在古籍记载中也有很多。比如三国末期,曹魏大将邓艾受命征伐蜀汉。他梦见自己坐在山上,山上还有流水。梦醒之后便把此梦告诉殄虏护军爰邵。爰邵说:"按《易卦》,山上有水曰《蹇》。《蹇》繇曰:'《蹇》利西南,不利东北。孔子曰:'《蹇》利西南,往有功也;不利东北，其道穷也。往必克蜀，殆不还乎！"[①]爰邵的预见是很准的。邓艾征蜀，一直打到成都，刘禅亲率众臣面缚舆榇诣军投降。邓艾果然建立灭蜀大功。后来钟会密告邓艾图谋叛乱，魏帝下诏将邓艾逮捕，用囚车押回京城，邓艾在半路被杀死也符合爰邵所预言的"不还"。但爰邵预见的根据是邓艾的一个梦和《周易》卦辞。爰邵的理论是：《周易》中《蹇》卦的卦形，下面三爻是单卦艮，代表山；上面三爻是单卦坎，代表水。邓艾梦见山上有水，正合《蹇》卦。而《蹇》卦《彖》传曰"利在西南，往有功也，不利东北，其道穷也"。邓艾征蜀，是往西南方向走，征蜀毕回军，是向东北方向走，所以爰邵预见邓艾征蜀是往而有功，归不生还。我们没有理由怀疑邓艾之死，因为历史记载得那样明明白白。但我们有理由怀疑爰邵的理论甚至这件事本身。因为《周易》卦辞、邓艾之梦与邓艾之死没有内在的必然联系，爰邵预见邓艾之死这件事，是不是人们根据邓艾之死加以附会的呢？

《隆中对》的预见也很"准"。诸葛亮预见天下将要分成三极，预见到刘备要成为三极之一。果然，刘备从一个兵只有几千、地没有一块的客居荆州之人发展起来了，先在赤壁与孙吴联手把曹操打败，使三分具有雏形，接着又据有荆州，向益州发展，最后建立蜀汉，使三分定局。这一切都是按照《隆中对》所预料的那样一步步变为现实的。《隆中对》预见的实现，当然和诸葛亮、刘备等人的努力有关，但更重要的是《隆中对》借以预见的依据符合客观规律。我们知道，个人的努力具有主观

[①] 《三国志》卷二十八《魏书·邓艾传》。

性，个人的努力只有符合历史发展的客观规律才能取得预期的成功。《隆中对》预见天下三分，是基于这样一个认识：曹操、孙权是当时天下的两强，曹操拥数十万大军，挟天子以令诸侯，占有天时；孙权立国三世，据江东之险，占有地利。二者一时谁也吃不掉谁。这是非常符合当时的客观实际的。毫无疑问，曹操是当时天下的最强者，孙吴想灭掉他是不可能的，当时最有可能统一天下的是曹操。但统一天下绝非一朝一夕可以成就，当曹操一点一点地将黄河流域基本统一，欲向南发展时，孙吴已经历三世而称强于江东了。史书上曾经记载这样一件事：

> 曹公出濡须，作油船，夜渡洲上。权以水军围取，得三千余人，其没溺者亦数千人。权数挑战，公坚守不出。权乃自来，乘轻船，从濡须口入公军。诸将皆以为是挑战者，欲击之。公曰："此必孙权欲身见吾军部伍也。"敕军中皆精严，弓弩不得妄发。权行五六里，回还作鼓吹。公见舟船器仗军伍整肃，喟然叹曰："生子当如孙仲谋，刘景升儿子若豚犬耳！"权为笺与曹公，说："春水方生，公宜速去。"别纸言："足下不死，孤不得安。"曹公与诸将曰："孙权不欺孤。"乃彻军还。[①]

这件事发生在建安十八年（213），已是《隆中对》提出后的第六年，孙、曹谁也吞并不了谁的形势依然如此。基于这样一个认识，诸葛亮进一步认为：两强对峙，也有他们一时无法

---

① 《三国志》卷四十七《吴书·吴主传》裴注引《吴历》。

顾及的地方，这就是荆、益二州；两强各占天时、地利，也有他们未占的条件，即人和。而刘备是"帝室之胄，信义著于四海，总揽英雄，思贤如渴"，恰恰占了人和。因此，刘备完全有可能成为与曹、孙鼎足而立的第三强。《隆中对》关于天下三分的预见是准确的，其预见所凭的依据，乃是从当时的实际情况中总结出来的，所以，《隆中对》的预见性是有科学根据的。

　　第三，系统性。《隆中对》不是一般的策论文章，它是一个需要实践的、可操作的战略计划。建安十二年（207），刘备见到诸葛亮后，劈头就提出一个严峻问题："汉室倾颓，奸臣窃命，主上蒙尘。孤不度德量力，欲信大义于天下，而智术浅短，遂用猖蹶，至于今日。然志犹未已，君谓计将安出？"[①]力量弱小、屡遭失败的刘备，怎样才能战胜实力雄厚、已握朝廷权柄的曹操？这的确是一个不是一两句话就能回答的问题，更不是短时间内就能解决的问题。这需要一个系统的、有步骤的战略计划。《隆中对》就是回答刘备这个问题的。

　　《隆中对》就是一个系统的、有步骤的战略计划。

　　总的看来，申明大义、兴复汉室、实现统一是一个大系统，它包含三个子系统：如何对待曹操，如何对待孙吴，如何对待自己。《隆中对》的一切内容都是围绕这几个系统展开的。对待曹操，要始终将他作为势不两立的敌人。《隆中对》的提出，一开始就是以反对"奸臣窃命"为前提的，这个"窃命"的"奸臣"就是指曹操。诸葛亮提出不可与曹操争锋，不是不反对他，而是说在自己力量没有达到一定程度时，不要与他硬

[①]《三国志》卷三十五《蜀书·诸葛亮传》。

拼，要首先壮大自己的力量。在《隆中对》的最后，诸葛亮说命一上将将荆州之军以向宛、洛，让刘备率益州之众出于秦川，目标还是指向曹操。对待孙吴，则不可与之为敌，而是要把他作为共同反对曹操的盟友。在这三百多字的策论中，诸葛亮曾两次说到孙吴，"可以为援而不可图"，"外结好孙权"，可见他对这个问题的重视。对待自己，要逐步壮大自己的力量，使之能与曹操抗衡。如何壮大自己的力量呢？先要据有荆州使自己有立足点，再进一步占领益州以使脚跟稳固。然后与荆、益地区的少数民族搞好关系，在统治区内实行开明的经济和政治政策，发展生产，使自己的势力强大起来。总之，《隆中对》是一个既有长远目标又有近期任务，既有战略规划又有实施步骤，既有内政外交又有民族政策的全面系统的计划。

第四，策略性。战略和策略是一对分不开的孪生兄弟。战略是目标，策略是实现目标的手段。《隆中对》这个整体战略计划中，处处体现着策略。"兴复汉室"是战略目标，也是号召天下、争取人心的政治策略。暂时不与曹操争锋，不与孙吴为敌，进攻目标指向荆州、益州，体现着避实就虚的策略。外结好孙吴，建立孙刘联盟，体现着联弱抗强的策略。西和诸戎，南抚夷越，体现着稳定后方专力对敌的策略。内修政理，体现着自强自立以抗衡强曹的策略。跨有荆、益，则体现着钳形夹攻中原的策略。

第五，思想性。《隆中对》有一个熠熠生辉的思想，就是注重"人谋"，积极进取。刘备见到诸葛亮以前，事业上屡受挫折。他初失意于安喜县，又受排挤于平原县，复失徐州于吕布，再败兵于曹操，落得个一事无成，寄人篱下。他见到诸葛亮后所说的那番话，既表示出自己寻求成功的急切，又流露出几分对至今功业未成的无奈。然而诸葛亮却不这么看。他在《隆中对》一开始，就以曹操在官渡大败袁绍为例子，说明"人谋"的重要性。在官渡之战前，曹操出身宦官家族，袁绍世代公卿；曹操将少粮缺，袁绍兵多粮足。但曹操最终能打败袁绍，以弱胜强，就是因为曹操多谋善断，捕捉战机，坚毅果敢，发挥了"人谋"的作用。在《隆中对》中，诸葛亮分析了刘备可以发挥"人谋"作用的有利因素。第一是"帝室之胄"，汉室的后代兴复汉室名正言顺，号召力强。第二是"信义著于四海"，比起"宁我负人，毋人负我"[①]的曹操，在人民群众中影响要好得多。第三是"思贤若渴"，这样就会延揽天下英才共成霸业。诸葛亮的这些分析，不仅对逆境中的刘备是个极大的鼓舞，也表现出诸葛亮注重"人谋"，谋求变弱为强，要从失败中崛起最终战胜强曹的积极进取精神。

以上五个特点表明，《隆中对》是表现诸葛亮见识、谋略、智慧、毅力、风范的不朽杰作。

二、《隆中对》的失误之处

俗话说："智者千虑，必有一失。"尽管《隆中对》对天下大势作了周密的分析和科学的预见，但仍有其比较严重的缺陷，这就是"跨有荆、益"的计划。

自从建安十九年（214）刘备占领成都，实现了"跨有荆、

---

① 《三国志》卷一《魏书·武帝纪》裴注引孙盛《杂记》。

益"的战略计划后,这个局面始终处于动荡不安之中。先是孙吴索要荆州,接着发生了孙吴出兵荆州南三郡之事,刘备、孙权剑拔弩张,战争一触即发。虽然刘备作出重大让步,使荆州危机暂时缓解,但到建安二十四年(219),荆州便落到孙吴之手。蜀汉"跨有荆、益"的局面,仅仅维持了五年便宣告破产。正如三分天下的实现证明《隆中对》思想中包含科学性一样,"跨有荆、益"的失败也说明了《隆中对》计划中存在不合理因素。

"跨有荆、益"不合理因素在什么地方?

从地理形势上看,荆州和益州的联系远不如荆州和扬州那样紧密。益州处于长江上游,荆州处于长江中游,扬州处于长江下游,表面上看,长江像条玉带,连起了益、荆、扬三颗明珠。但实际上,益州是处在中国地势的第二阶梯上,荆州、扬州则同处在第三阶梯上。益州四塞险固,山峦屏障,它的西面是邛崃山、大雪山,南面有大娄山、乌蒙山,北面横亘着秦岭、大巴山,东面耸立着巫山。四面的山峰犹如高耸入云的围墙,把四川盆地环抱起来,在古代交通不便时隔断了它与外界的联系。而荆州与扬州同处在长江中下游平原之上,两地之间没有天然屏障相隔,一条长江,把两州天然地联系在一起。

《隋书·地理志》说,荆州的"风俗物产,颇同扬州"。这说明,由于荆州与扬州之间地理关系密切,从而形成了经济和文化的紧密联系。对两个地区经济文化联系产生影响的因素很多,交通是重要因素之一。而在荆州与益州之间,交通极为不便。巫山山脉从北至南,横亘于两州之间。长江横切巫山从西向东穿过,成为贯穿益州、荆州的交通孔道。在这崇山峻岭之间,长江所过之处,两岸崖壁峭立,如斧砍刀削,形成"自非停午夜分，不见曦月"①的大峡谷。这个大峡谷，从益州东部重镇永安，到荆州西部重镇西陵，长达二百多里，这就是举世闻名的三峡。三峡江面极窄，水流湍急，险滩栉比，从荆州到益州，逆流而上，有"下水（即顺流）五日，上水（即逆流）百日"之说。此外还有崖壁崩塌。据史书记载，东汉和帝永元十三年（101），巫峡山崩，"当崩之日，水逆流百余里，涌起数十丈"②，造成名为"新崩滩"的险地。此处滩石遍布，"或圆如箪，或方似笥"，给航行带来极大困难。尤其是瞿塘峡西口的滟滪堆，横锁江心，"夏水涨没数十丈，其状如马，舟人不敢进"③，足使航行者望而却步。

从荆州到扬州，交通状况则大大改观，江面宽阔，水流平缓，两岸是坦荡的平原。在夏口，有个港湾曰"黄军浦"，据说是由东吴将军黄盖停泊水军而得名，在东晋南朝时，又是商船汇集的地方。④孙吴大将吕蒙偷袭荆州时，把兵船改作商船模样，竟能得逞，骗过关羽的荆州守军，可见当时在荆、扬之间商船往来也畅行无阻。

荆州到益州，交通困难，荆州人把逆水而上视为畏途，而益州由于气候适宜，土地肥沃，资源丰饶，经济自给性强。在古代，由于险恶的交通状况的阻碍，益州和荆州的经济文化交流受到一定的影响。

从荆州到扬州，交通便利，没有自然险阻，两地的经济文

---

① 《水经注》卷三十四《江水二》。
② 《水经注》卷三十四《江水二》。
③ 李膺《益州记》。
④ 《水经注》卷三十五《江水三》。

化交流日益加强，基本上连成了一个经济文化区域。

益州、荆州、扬州三个地区的关系如此，就使《隆中对》中"跨有荆、益"的计划建筑在一个十分脆弱的基础之上。如果孙吴对荆州没有要求，蜀汉跨有荆、益的局面尚可勉强维持，一旦孙吴图谋荆州，局面马上就会改观。

问题是，从孙吴的根本利益来看，它不可能放弃荆州。翻开地图我们就可以看到，荆州的绝大部分区域都在今天湖北、湖南两省境内。荆州的州治江陵，就在今湖北沙市西北的长江边上。而孙吴的首都建业，即今天的江苏南京，也在长江之滨，地处荆州下游。天时、地利、人和是古代军事家欲求制胜的三大因素，其中地利的因素不可忽视。对孙权来说，处在上游的刘备既是盟友，也是一柄不知什么时候就劈下来的利剑。没有荆州，孙吴西部虽有门户，但钥匙却不在自己手里，没有安全感。

孙权所占的江东地区，只有江浙一带还算富庶，其他地方在当时尚未开发，经济十分落后。而当时的荆州，土地肥沃，士民殷富，有了它，就可以使国家经济实力大大增强，从经济角度讲，孙吴也需要得到荆州。

孙吴所在的江东地区，北有强大的曹魏，就实力对比而言，向北发展几乎是不可能的。只有向西发展，占领荆州，才有可能全据长江天险，北拒曹魏。

荆州关系到孙吴的强弱，荆州关系到孙吴的安危，荆州关系到孙吴的存亡。关于荆州对下游南京的重要性，东晋人何充有一段话说得非常精彩。他说："荆楚国之西门，户口百万，北带强胡，西邻劲蜀，经略险阻，周旋万里。得贤则中原可定，势弱则社稷同忧，所谓陆抗存则吴存，抗亡则吴亡者，岂可以白面年少猥当此任哉！"① 何充这里虽论述的是东晋政权与荆州的关系，但同是江南偏安政权，故也适用于孙吴政权。荆州对孙吴如此重要，所以，争夺荆州是吴国政略和战略的基本方针。早在建安五年（200）十月，比《隆中对》还早七年的时候，鲁肃便向孙权进献"鼎足江东"之策。他说，"汉室不可复兴，曹操不可卒除"，唯有"剿除黄祖，进伐刘表，竟长江所极，据而有之，然后建号帝王以图天下。"建安十三年（208），鲁肃又对孙权说："夫荆楚与国邻接，水流顺北，外带江、汉，内阻山陵，有金城之固，沃野万里，士民殷富，若据而有之，此帝王之资也。"② 同年，大将甘宁也向孙权说："南荆之地，山陵形便，江川流通，诚是国之西势也。宁已观刘表，虑既不远，儿子又劣，非能承业传基者也。至尊当早规之，不可后操（指曹操）。图之之计，宜先取黄祖。……一破祖军，鼓行而西，西据楚关，大势弥广，即可渐规巴蜀。"③ 赤壁之战后，周瑜曾向孙权密献计说："今曹操新折衄，方忧在腹心，未能与将军连兵相事也。乞与奋威（指奋威将军孙瑜）俱进取蜀，得蜀而并张鲁，因留奋威固守其地，好与马超结援。瑜还与将军据襄阳以蹙操，北方可图也。"④ 吕蒙接任鲁肃之职后，也主张夺取荆州，"全据长江"，派一支兵驻江陵，一支兵驻白帝，他自己进据襄阳，以争中原。⑤ 直至孙吴后期，名将陆逊及其儿子陆

---

① 《晋书》卷七十七《何充传》。
② 《三国志》卷五十四《吴书·鲁肃传》。
③ 《三国志》卷五十五《吴书·甘宁传》。
④ 《三国志》五十四《吴书·周瑜传》。
⑤ 《三国志》五十四《吴书·吕蒙传》。

抗，仍然坚持争夺荆州的战略方针。凤凰三年（274），陆抗临卒前上疏说："臣父逊昔在西垂陈言，以为西陵国之西门，虽云易守，亦复易失。若有不守，非但失一郡，则荆州非吴有也。如其有虞，当倾国争之。"[①] 从上述一系列言论中可知，孙吴军政最高层主要决策人物及有眼光的战略家，如周瑜、鲁肃、甘宁、吕蒙、陆逊、陆抗等人，都把荆州看作吴国生存与发展的命脉。正因荆州与扬州联系紧密，所以孙吴把荆州视为自己的西面门户，视为自己强弱、安危、存亡所系的命脉。荆州与扬州联系紧密，既是孙吴争荆州取胜的有利条件，也是孙吴争夺荆州的根本动力。

荆州对孙吴政权如此重要，而《隆中对》又把统一大业的成功建立在"跨有荆、益"的基础上，这就决定了刘备集团与孙权集团之间迟早要进行一场"拔河比赛"，而荆州就是这根绳子的中点。刘备集团对荆、益二州的占领，并不是这场比赛的终结，而是双方已经各自握住了绳端，只等开始的哨音了。比赛虽未开始，孙吴已占据了有利地势，只要一用力气，就会将中点迅速拉向自己一方。正因为荆州对吴国如此重要，所以孙吴绝不会放弃这场"拔河比赛"。

"跨有荆、益"虽然一开始就存有先天的缺陷，但是，我们不能以此就指责《隆中对》。因为诸葛亮是人，不是神。任何规划都难免有其不周全和疏漏之处，《隆中对》也不例外。《隆中对》刚一提出时，孙、刘在荆州问题上的矛盾并没有产生，"跨有荆、益"的先天缺陷只是一种隐性存在，显然这是

---

① 《三国志》五十八《吴书·陆逊附子抗传》。

不足为怪的。然而随着刘备对益州的占领,孙、刘之间在荆州问题上不可调和的矛盾也一天天暴露出来、明显起来。孙吴的主要决策者们一次又一次地论说荆州的重要性,孙吴采取各种形式一次又一次地表达对荆州的欲望,而刘备、诸葛亮却对此置若罔闻。特别是有了关羽丧败的惨痛教训后,刘备、诸葛亮仍然没有及时采取修正原来战略方针的措施,还要继续错下去,把蜀军主力再次投向荆州战场,这就是严重的战略决策失误了。

是什么原因使刘备、诸葛亮一错再错呢?

首先,《隆中对》的光辉掩盖了其自身的缺陷,就好比太阳本身有黑子,但因为其光芒四射,人们很难用肉眼看见黑子一样。我们说过,《隆中对》是中国历史上不可多得的策论文章,它的预见性、科学性、系统性、策略性、思想性无不闪着耀眼的光芒。刘备失掉荆州以前,十多年的历史都是按照《隆中对》所预见的方向发展着,刘备占荆州,联孙吴,取益州,夺汉中,跨荆、益,一切皆如《隆中对》所料。这不免给刘备、诸葛亮等人一个错觉,使他们不相信《隆中对》的策略有什么不妥之处,从来没有打算要对它进行修改。

其次,《隆中对》的提出,根本目的是扫除国贼,兴复汉室。这个窃命国贼就是曹操,《隆中对》所指向的斗争目标也是曹操。三分天下建立霸业是为了对抗曹操,联合孙吴是为了对抗曹操,跨有荆、益也是为了夹击曹操。因此,诸葛亮在考虑荆州问题时,主要是从蜀、魏斗争的角度出发的。当时,刘备集团内部在对待荆州问题上还有另一派意见,这就是庞统、法正、赵云等人主张的"蚕食雍、凉",占领关中,出潼关以争天下。这些人的意见,显然是借鉴了历史的经验,走的是秦、汉统一天下的老路。诸葛亮也熟读史书，他何尝不知道秦出关中平定六国、汉出关中打败项羽的历史？然而，当时的情况，既不同于秦，也不同于汉。秦国在未出关中之时，所面临的对手是六国。六国总体力量当然要比秦国强大，但很可惜，六国间各有各的打算，各有各的利益，始终形不成一致的力量。比如公元前287年，在苏秦的活动下，东方的韩、赵、魏、燕、齐五国联合起来，共同伐秦。这五国联合表面上气势汹汹，实际上是各怀鬼胎。苏秦主张"合纵"是为了燕国的利益，借合纵把齐国拉入伐秦行列，以防止齐攻燕。而齐国参加合纵伐秦是为了吞并宋国，因为当时秦是宋的保护者。由于合纵五国各有各的打算，所以进至荥阳、成皋间便驻足不前，无功而散。再比如公元前316年，燕国内部发生动乱，齐国却乘乱对燕国用兵，攻进燕国首都，几乎将燕灭掉。后来，燕昭王即位，经过将近三十年的发奋图强，于公元前284年派大将乐毅率兵伐齐，攻破齐国首都，占领七十余城。参加乐毅伐齐之战的，还有韩、赵、魏等国。这说明，东方六国互有矛盾，互相攻击，实为一盘散沙。秦国在这种情况下，采用远交近攻的策略，得以胜利出兵关中，将六国各个击破。刘邦在未出关中之时，所面临的对手是项羽。项羽自立为西楚霸王，又在全国范围内分封十八个诸侯王，貌似强大，其实内部也是矛盾重重。在分封中，项羽厚封亲信，对非亲信者，或改大为小，或远封边地，或不予分封。所以，分封刚刚完毕，未得封王的田荣首先在齐地起兵造反。未得封王的彭越很快也成了田荣部下的将军。不久，陈余又联合田荣，赶走项羽所封的常山王张耳，另立赵王歇。赵王歇又立陈余为代王。燕王臧荼又攻杀燕王韩广，吞并了其属地。项羽分封的格局很快被打乱了。在关中，项羽所封雍王章邯、塞王司马欣、翟王董翳，任务是监视汉中王刘邦。这三个人原为秦将，欺骗其众投降项羽，结果使二十多万秦军降卒被坑杀，唯此三人得脱，又被封王关中，"秦父兄怨此三人，痛入骨髓"[①]。在这种情况下，刘邦才能出陈仓一战而定三秦，占有关中。出关中后，东方诸侯又纷纷降顺，很快使项羽变成孤家寡人。

　　刘备、诸葛亮所面临的形势则大不相同。他们的对手，不是各顾其利的山东六国，也不是对所封之地心怀不满的各诸侯王，而是强大的、统一北方的曹操。这个对手，政治上挟天子以令诸侯，军事上拥兵数十万，经济上据有开发得最早的关东数州，可以说是在政治、经济、军事上最具优势的强国。对于这样一个强大对手，仅用关中一路取胜是十分困难的，因而诸葛亮认为从关中、荆州两路夹击取胜的把握要大些。仅从蜀、魏斗争角度看，诸葛亮两路夹击中原的战略是高明的。但两路夹击中原所牵扯的不仅仅是蜀、魏双方。要两路夹击，必须占有荆州，而占有荆州必然会与孙吴的立国方针发生不可调和的冲突。只要是蜀汉据有荆州，联合孙吴就是一句空话。而联合孙吴恰恰又是《隆中对》整个政略方针中不可分割的外交策略。这样，在《隆中对》整个系统中，政略方针和战略部署之间就陷入了自相矛盾之中。忽略孙吴对荆州的占有要求，不能不说是《隆中对》的一个失误。

　　　　（本文关于《隆中对》失误的主要观点是朱大渭先生的，笔者在其基础上进行了发挥和引申）

---

① 《史记》卷九十二《淮阴侯列传》。

庞统与诸葛亮处世格局的差异

人物画像石（东汉），山东苍山城前村出土。现藏山东苍山博物馆

《三国演义》中，庞统是和诸葛亮并列的人物。庞统号曰"凤雏"，诸葛亮号曰"卧龙"。第三十五回《玄德南漳逢隐沦，单福新野遇英主》描写道：水镜曰："今天下之奇才，尽在于此，公当往求之。"玄德急问曰："奇才安在？果系何人？"水镜曰："伏龙、凤雏，两人得一，可安天下。"① 这个桥段出自东晋人习凿齿的《襄阳记》：刘备访世事于司马德操。德操曰："儒生俗士，岂识时务？识时务者在乎俊杰。此间自有伏龙、凤雏。"备问为谁，曰："诸葛孔明、庞士元也。"② 有识人之鉴的司马德操同时推出一龙一凤，说明两个人的才能势均力敌。

　　毫无疑问，庞统是三国时期杰出的人才，被当时人目为"南州士之冠冕"。陈寿评价说："庞统雅好人流，经学思谋，于时荆、楚谓之高俊。"③ 然而当徐庶向刘备举荐人才时，却只举荐诸葛亮一人，没有提及庞统：

　　　　时先主屯新野。徐庶见先主，先主器之，谓先主曰："诸葛孔明者，卧龙也，将军岂愿见之乎？"先主曰："君与俱来。"庶曰："此人可就见，不可屈致也。将军宜枉驾顾之。"由是先主遂诣亮，凡三往，乃见。④

赤壁之战后，建安十五年（210），庞统才加入刘备集团。刚开

---

① 《三国演义》，人民文学出版社，1973年。
② 《三国志》卷三十五《蜀书·诸葛亮传》裴注引《襄阳记》。
③ 《三国志》卷三十七《蜀书·庞统法正传》。
④ 《三国志》卷三十五《蜀书·诸葛亮传》。

始庞统并没有得到刘备的重用，而是以荆州从事史身份兼耒阳县令，又因为在县官任上政绩很差而被免官。只是由于鲁肃和诸葛亮的鼎力推举，再加上与之长谈考察，刘备感觉到庞统确实是人才，才改变了对庞统的态度，"大器之，以为治中从事"。即便如此，刘备对他的器重程度也不如对诸葛亮。总之在刘备集团内，庞统的地位低于诸葛亮，凤雏不如卧龙。

为什么会这样？最重要的原因，是二人处世的格局不同。所谓处世格局，即指生活在一定时代的个体所追求的目标。具体来说，诸葛亮的处世格局大于庞统，所追求的目标比庞统远大。

一、诸葛亮的处世格局

诸葛亮十五岁来到荆州，三十四岁时离开荆州，在这里整整度过二十个春秋。在荆州的二十年，大体上可分三个阶段：从兴平二年（195）到建安十二年（207），是诸葛亮借寓荆州和隐居隆中的时期。从建安十二年（207）到建安十四年（209），是他辅佐刘备在荆州寻求立足的时期。从建安十四年（209）到建安十九年（214）奉刘备之命率兵入川止，是他协助刘备治理荆州的时期。

诸葛亮在荆州的第一个阶段，是躬耕隐居的十年，也是蓄志待时的十年。诸葛亮不是逃避现实的逸民隐士，他有着不一般的政治抱负。史籍记载：

> 亮在荆州，以建安初与颍川石广元、徐元直、汝南

孟公威等俱游学,三人务于精熟,而亮独观其大略。每晨夜从容,常抱膝长啸,而谓三人曰:"卿三人仕进可至刺史郡守也。"三人问其所至,亮但笑而不言。后公威思乡里,欲北归,亮谓之曰:"中国饶士大夫,遂游何必故乡邪!"①

可见诸葛亮的志向绝不是仅仅做个郡守刺史之类的官。几百年以后,南朝刘宋人裴松之在读这段历史时曾感慨地说:

夫其高吟俟时,情见乎言,志气所存,既已定于其始矣。若使游步中华,骋其龙光,岂夫多士所能沉翳哉!委质魏氏,展其器能,诚非陈长文、司马仲达所能颉颃,而况于余哉!苟不患功业不就,道之不行,虽志恢宇宙而终不北向者,盖以权御已移,汉祚将倾,方将翊赞宗杰,以兴微继绝克复为己任故也。②

裴松之认为诸葛亮的政治抱负是"以兴微继绝克复为己任",深得诸葛亮衷藏。诸葛亮兴微继绝克复的具体内容,不是要让奄奄一息的东汉王朝继续苟延残喘,他对桓、灵之世的腐朽黑暗怀有"叹息痛恨"之心。他要兴复的汉室是一个像"光武中兴"那样的统一、安定、强大的汉朝。他的一篇《论光武》的文章,反映了他对光武中兴的肯定与向往:

---

① 《三国志》卷三十五《蜀书·诸葛亮传》裴注引《魏略》。
② 《三国志》卷三十五《蜀书·诸葛亮传》裴注。

曹子建论光武："上将则难比于韩、周，谋臣则不敌良、平。"时人谈者，亦以为然。吾以此言诚欲美大光武之德，而有诬一代之俊异。何哉？追观光武二十八将，下及马援之徒，忠贞智勇，无所不有，笃而论之，非减曩时。所以张、陈特显于前者，乃自高帝动多阔疏。故良、平得广于忠信，彭、勃得横行于外。语有"曲突徙薪为彼人，焦头烂额为上客"，此言虽小，有似二祖之时也。光武神略计较生于天心，故帷幄无他所思，六奇无他所出。于是以谋合议同，共成王业而已。光武称邓禹曰："孔子有回，而门人益亲。"叹吴汉曰："将军差强吾意。"其武力可及，而忠不可及。与诸臣计事，常令马援后言，以为援策每与谐合。此皆明君知臣之审也。光武上将非减于韩、周，谋臣非劣于良、平。原其光武策虑深远，有杜渐曲突之明。高帝能疏，故张、陈、韩、周有焦烂之功耳。[①]

诸葛亮在这篇文章里，引用了一个"曲突徙薪"的典故：有一个人，盖了一所新房子，但其炉灶的烟囱建得过直，烟囱边还堆积着干柴。有一个客人见了，便劝主人把烟囱改弯，把柴移走，以免发生火灾。主人听了，并没在意。不久，这家果然发生了火灾，邻居齐来相救。火灾之后，主人置酒设宴，款待邻里，并让那些在救火中被烧得焦头烂额者坐上座，而那位建议他曲突徙薪者却未被邀请。有人对主人说："如果当初听那位客人的建议，就不会失火，也用不着您今日破费，如今论功

---

① 《金楼子校笺》卷四《立言篇》，中华书局，2011年。

请客，怎能是曲突徙薪无恩泽，焦头烂额为上客呢？"①主人大悟，赶紧请了那位具有远见的客人为上宾。在诸葛亮看来，光武帝刘秀手下的文臣武将，并不比刘邦手下的韩信、周勃、张良、陈平等差。只不过刘邦的才能略逊一等，所以他手下的文臣武将就像那些救火的人那样有机会表现自己的才干，而刘秀处处深谋远虑，就像那个有先见之明的聪明人，所以他手下的人就没有机会表现自己的才干了。臣下有忠贞智勇之质，主上有杜渐曲突之明，君臣谋合议同，共济中兴大业，这既是诸葛亮对刘秀集团的评价，也是他的政治理想。为了这份理想，诸葛亮忍受寂寞，不轻易出仕，等待具有杜渐曲突之明的合作者的出现。

二、庞统的处世格局

庞统是荆州襄阳人，一生绝大部分时间生活在荆州。他比诸葛亮大两岁，当诸葛亮十五岁来荆州时，庞统已经是十七岁的青少年了。史载他"少时朴钝，未有识者"，可见他当时不怎么出名。东汉末期，主荒政缪，宦官专权，"士子羞与为伍，故匹夫抗愤，处士横议，遂乃激扬名声，互相题拂，品核公卿，裁量执政"，②对各类人物品评形成风气。在这种风气中，出现了一些以品评人物为特长的权威人士，没有名气的人经过他们的品评会大大提升社会知名度和社会地位。太原人郭泰、颍川人陈寔、司马徽、襄阳人庞德公都是这样的人。庞德公是

---

① 《汉书》卷六十八《霍光传》。
② 《后汉书》卷六十七《党锢列传》。

襄阳地区的士人领袖，诸葛亮的"卧龙"、庞统的"凤雏"、司马徽的"水镜"称号，都源自庞德公之口。[①] 庞统是庞德公的从子，给自己从子以美评，似乎没有足够的说服力，因此，庞德公又让庞统拜访司马徽。在那个时代，拜访士人领袖，请他给自己一个好的评价或名号是很普遍的现象，诸葛亮即是如此，他常去拜访庞德公，"每至其家，独拜床下"。所以，庞统靠其从父品评提携，又拜访司马徽以求美誉，都不会被人诟病。但是，庞统的拜访名士寻求美评有很强的功利目的。《世说新语》记载了这次拜访的情景：

> 南郡庞士元闻司马德操在颍川，故二千里候之。至，遇德操采桑，士元从车中谓曰："吾闻丈夫处世，当带金佩紫，焉有屈洪流之量，而执丝妇之事？"德操曰："子且下车，子适知邪径之速，不虑失道之迷。昔伯成耦耕，不慕诸侯之荣；原宪桑枢，不易有官之宅。何有坐则华屋，行则肥马，侍女数十，然后为奇？此乃许、父所以慷慨，夷、齐所以长叹。虽有窃秦之爵，千驷之富，不足贵也。"士元曰："仆生出边垂，寡见大义，若不一叩洪钟，伐雷鼓，则不识其音响也。"[②]

《世说新语》是一部记载东汉末至两晋时期名士言行轶事的笔记小说，不是严谨的历史记载，就这段文字而言，也有不少后

---

① 《三国志》卷三十七《庞统传》裴注引《襄阳记》："诸葛孔明为卧龙，庞士元为凤雏，司马德操为水镜，皆庞德公语也。"
② 《世说新语笺疏·言语》，中华书局，1983年。

人认为失实的地方。如庞统拜访司马徽的地点，《世说新语》记载为颍川，而事实是司马徽为颍川人，后来生活在荆州。所以程炎震先生对此考证说："庞统之卒，通鉴系之建安十九年，则弱冠是初平、建安间，司马德操当已在荆州，不在颍川矣。或是自襄阳往江陵也。"① 二人会面的谈话也是疑点颇多。余嘉锡先生指出，司马徽与庞德公交谊深厚，兄弟相称，"士元以年少通家子承命往见，岂得不下车拜伏，而顾安坐车中呼而与之语乎？孔明尝拜德公，又拜士元之父。士元与孔明比德齐名，不应傲慢如此也。且士元雅有人伦之鉴，故与陆绩、顾劭、全琮一见即加以品题。德操之为人，士元当闻之已熟，岂有于高士之前进其鄙陋之说，劝其'带金佩紫'者乎？若其言果如此，则亦不足为南州士人之冠冕，德操必不叹为盛德矣"②。因此，余嘉锡先生认为这段文字"必晋代文士所拟作，非事实也"。

余嘉锡先生所疑十分有理，只有一点我觉得是可能的，就是"丈夫处世当带金佩紫"这句话，真实反映了庞统的处世格局。"金紫"指金印紫绶，"带金佩紫"即指当官。史书载庞统"少未有识者"，直到司马徽"称统当南州士之冠冕，由是渐显"。庞统名声渐显之后，没有像诸葛亮那样蓄志待时，而是急急忙忙出仕做官。《三国志·庞统传》载：

> 庞统字士元，襄阳人也。少时朴钝，未有识者。颍川司马徽清雅有知人鉴，统弱冠往见徽，徽采桑于树上，坐统在树下，共语自昼至夜。徽甚异之，称统当南州士之

---

① 《世说新语笺疏·言语》程炎震云。
② 《世说新语笺疏·言语》余嘉锡按。

冠冕，由是渐显。后郡命为功曹。

功曹为郡府中掌管人事参与一郡政务的官员，此时庞统所任郡功曹，当在赤壁之战以前，即刘表治下的南郡功曹。[①]因为在上述记载之后，还说到"吴将周瑜助先主取荆州，因领南郡太守。瑜卒，统送丧至吴，吴人多闻其名"云云。周瑜去世，庞统护送灵柩至吴，只有他任过周瑜的郡功曹才会有此举。《世说新语》注引《蜀志》也说："周瑜领南郡，士元为功曹。瑜卒，士元送丧至吴，吴人多闻其名，及当还西，并会昌门与士元言。"[②]后来庞统到了刘备手下，刘备曾问庞统："卿为周公瑾功曹，孤到吴，闻此人密有白事，劝仲谋相留，有之乎？在君为君，卿其无隐。"庞统说："有之。"[③]可见庞统先为刘表的南郡功曹，赤壁之战后，周瑜领南郡太守，庞统接着做孙吴的南郡功曹。

庞统出仕郡功曹，与他的处世格局有关。因为郡功曹的职能是掌管一郡人事，与人才拔举和表彰有关。而庞统擅长人物评价，他也想通过对人物的正面评价使人们效法美德之人，从而使社会风俗有所改观。而担任郡功曹，正有利于庞统这方面优势的发挥。庞统任郡功曹以后，在提倡培养人们良好道德、优良品质方面动了不少心思。例如，他对人才的评价，往往是

[①] 《三国志集解》卷三十七《蜀书·庞统传》："后郡命为功曹。"卢弼集解："南郡之功曹也。沈家本曰，此传统为功曹在周瑜领南郡之先，不言何人所命，当在刘表之世。而《世说》注四引《蜀志》云：周瑜领南郡，士元为功曹。与今文不同。下文注引《江表传》亦云统为公瑾功曹。疑统先为功曹，至瑜领郡时而任事，故瑜卒而统得送丧也。"（中华书局，1982年）

[②] 《世说新语笺疏·品藻》引《蜀志》。

[③] 《三国志》卷三十七《蜀书·庞统传》裴注引《江表传》。

高过其实际表现的。人们问他这样做的原因,庞统说了这样的话:

> 当今天下大乱,雅道陵迟,善人少而恶人多。方欲兴风俗,长道业,不美其谭即声名不足慕企,不足慕企而为善者少矣。今拔十失五,犹得其半,而可以崇迈世教,使有志者自励,不亦可乎?①

庞统这番话反映了他的处世格局,即通过激励人们崇尚道德、砥砺志向,使更多的人向善弃恶,从而改变社会雅道陵迟的局面。庞统的处世格局也不应当谓之小,但毕竟通过个人一定的社会影响和权力就可以部分实现,不像诸葛亮的人生追求那样,必须主明臣慧兵强将勇才有可能实现。

三、处世格局与建功立业

处世格局决定了人的目光长远或短近,行为轻率或审慎。庞统出仕刘表的南郡功曹,不可谓不是一种轻率之举。当时就有一些人因为看清了刘表胸无大志而拒绝与之合作。如陈留人毛玠。汉末天下大乱,因荆州安定,故毛玠准备前往避乱,将要到荆州时,"闻刘表政令不明,遂往鲁阳"②。又如汝南人和洽,他拒绝了大将军何进的征辟,又避开了冀州袁绍的迎接使者,与亲旧南从刘表。但当他发现刘表昏庸之后,说:"昏世

---

① 《三国志》卷三十七《蜀书·庞统传》。
② 《三国志》卷十二《魏书·毛玠传》。

之主，不可黩近，久而狎危，必有谗慝间其中者。"遂南度武陵。①颍川人杜袭、繁钦，一起到荆州避乱，繁钦数次在刘表面前表现才能，希冀得到刘表的重视。杜袭对繁钦说："吾所以与子俱来者，徒欲龙蟠幽薮，待时凤翔。岂谓刘牧当为拨乱之主，而规长者委身哉？子若见能不已，非吾徒也。吾其与子绝矣！"繁钦接受了杜袭的劝告，二人遂南至长沙。②比起上述毛玠、和洽、杜袭等人，庞统的见识则显得比较浅近。

处世格局的大小，决定了所选择发挥才能的舞台的大小。庞统开始的选择是荆州的一个郡，而诸葛亮开始的选择就是以天下为人生舞台。庞统的处世格局比诸葛亮狭小，也决定了他不可能建立诸葛亮那样的功业。当庞统出任南郡功曹时，诸葛亮正在躬耕隐居，等待实现理想抱负的时机。当庞统在功曹任上称述人伦多过其才时，诸葛亮已经为刘备集团做出了一系列贡献。他先在隆中为刘备规划三分天下，出山后辅佐刘备扩充力量。曹操占领襄阳后，诸葛亮随刘备退往夏口，又奉命到江东说服孙权联合抗曹，取得了赤壁之战的胜利。这些贡献，远非庞统所能比拟。不能否认，庞统在当时也算得上是杰出人才，尤其是他进入刘备集团后，力主向益州进军，并在进军益州的过程中，为刘备出谋划策，提出逆取顺守原则，帮助刘备从道德观念与政治斗争的矛盾泥潭中走出来，使之毫无顾忌地从刘璋手中夺得益州。在实现刘备集团跨有荆益的战略目标上，庞统功不可没。然而功劳再大，也是实现战略目标的执行

---

① 《三国志》卷二十三《魏书·和洽传》。
② 《三国志》卷二十三《魏书·杜袭传》。

者，与诸葛亮战略目标的制定者不可同日而语。

经过上述比较，一些历史疑问便可以找到答案。《三国志》记载，刘备屯驻新野时，徐庶向他举荐人才说："诸葛孔明者，卧龙也，将军岂愿见之乎？"刘备说："君与俱来。"徐庶回答："此人可就见，不可屈致也。将军宜枉驾顾之。"[①] 徐庶向刘备推荐人才时，为什么只推荐诸葛亮而不推荐庞统？不是因为他不知道庞统，而是因为当时庞统已经出任刘表的南郡功曹，有服务对象了。为什么刘备开始不重用庞统，只让他做耒阳县令？因为他刚刚进入刘备集团，未立寸功，刘备想给他一个施展才干的机会，以服众人之心。

东汉末期，荆州虽有卧龙、凤雏，但二者并非不分伯仲，所谓"伏龙、凤雏，两人得一，可安天下"不过是小说家的演绎之言。就处世格局而言，诸葛亮大于庞统，就建功立业而言，卧龙高于凤雏。有一个名叫傅巽的人，东汉末曾避战乱客居荆州，直到赤壁之战前夕才依附曹操。他有知人之明，对荆州的人才有深入的了解和自己的判断，他认为庞统是"半英雄"[②]，这个评价反映了"凤不如龙"的实际。

---

① 《三国志》卷三十五《蜀书·诸葛亮传》。
② 《三国志》卷六《魏书·刘表传》裴注引《傅子》曰："巽字公悌，瑰伟博达，有知人鉴。辟公府，拜尚书郎，后客荆州，以说刘琮之功，赐爵关内侯。文帝时为侍中，太和中卒。巽在荆州，目庞统为半英雄，证裴潜终以清行显；统遂附刘备，见待次于诸葛亮，潜位至尚书令，并有名德。"

辨诸葛亮《后出师表》真伪及其意义

诸葛亮像

蜀汉建兴六年（228），诸葛亮率军北伐，临行前，他给后主刘禅上了一道表章，这就是著名的《前出师表》。当年十一月，诸葛亮又一次给刘禅上表，论述北伐的重要性，这就是著名的《后出师表》。

从清朝开始，人们对《后出师表》的真伪就有两种截然不同的意见。一些人怀疑它是后人以诸葛亮的名义写的，不是诸葛亮的手笔。理由主要有三个。第一，《后出师表》与《前出师表》的情绪反差太大，一者低沉，一者高昂，前后判若两人。第二，据《三国志·赵云传》记载，赵云死于建兴七年（229），而《后出师表》作于建兴六年（228），里面就说赵云已卒，可见伪造诸葛亮表的人连赵云卒于何年都未搞清楚。第三，《诸葛亮集》中没有《后出师表》，《后出师表》出自孙吴张俨《默记》。

一、《后出师表》的情绪变化恰恰说明其真实性

不应否认，前、后《出师表》所反映的情绪是不一样的。但如果我们考虑到第一次北伐的失利及其所造成的消极影响这一事实，就会理解这种变化。这种消极影响表现在以下三个方面。

第一，该不该杀马谡，在蜀汉政权内引起分歧。据史书记载，马谡死时，"十万之众为之垂涕"。当然，并不是所有流泪者都觉得马谡不该杀，有的是被马谡临终态度所感动，有的是为马谡之死感到痛惜。诸葛亮也哭了，然而他并非认为马谡不该杀，这说明所有垂涕者中心态是复杂的。但也确实有认为马谡不该杀的。蒋琬后来到汉中，对诸葛亮说："昔楚杀得臣，然

后文公喜可知也。天下未定而戮智计之士，岂不惜乎！"亮流涕曰："孙武所以能制胜于天下者，用法明也。是以杨干乱法，魏绛戮其仆。四海分裂，兵交方始，若复废法，何用讨贼邪！"① 诸葛亮杀掉马谡，还有另外一个原因，这就是清人何焯所说的：

> 魏延、吴壹辈，皆蜀之宿将，亮不用为先锋，而违众用谡，其心已不乐矣。今谡败而不诛，则此辈必益哓哓，而后来者将有以藉口，岂不惜一人而乱大事乎？②

诸葛亮杀掉马谡，固然能使心中不平者心理平衡，但对那些不赞成杀马谡的人将怎么办呢？他对蒋琬的解释能不能使蒋琬心服尚且不论，即使他说服了蒋琬，能对所有不赞成者一一说服吗？不杀马谡则一些人心中不平，诛杀马谡则一些人心中不解，总之要想两全是很难的。

第二，首次北伐失利，使蜀汉统治集团中产生一种对前途悲观失望的情绪，这种情绪又对后主刘禅产生影响，使他产生厌恶对魏作战，不求进取，但求苟安的情绪。这点将详述于后。

第三，首次北伐失利，使蜀汉今后的北伐面临着更加严峻的形势。第一次北伐，是蜀汉旗开得胜的最好时机。蜀军方面南征得胜，士气正旺，曹魏方面对蜀汉的出击毫无准备。曹魏方面的史籍记载："始，国家以蜀中惟有刘备。备既死，数岁寂然无声，是以略无备预；而卒闻亮出，朝野恐惧，陇右、祁山

---

① 《三国志》卷三十九《蜀书·马良附马谡传》裴注引《襄阳记》。
② 《三国志集解》卷三十九《马良附马谡传》注引何焯曰，中华书局，1982年。

尤甚，故三郡同时应亮。"①出其不意，攻其不备，本该取得预期的效果，不料却希望落空，反而给曹魏敲响了警钟。魏国本来强大，再加上有所戒备，更增加了蜀汉取胜的难度。

综上所述，诸葛亮第二次北伐所面临的情况较之首次出征已发生巨大变化，在这种变化面前，若再像第一次那样慷慨激昂以激励士气显然是空洞而且是无效的，而客观地分析形势，充分估计困难，批驳消极思想，统一全军认识，才是当务之急。因此，前后出师表情调变化，反映了诸葛亮的务实精神，恰恰说明了《后出师表》的真实性。

二、赵云卒年记载的几种可能性

至于《后出师表》所说赵云之死时间与《三国志》所载不合，以此说明《后出师表》为后人伪作，这只是一种可能。除这种可能之外，尚有其他的可能。一种可能是，《三国志》记赵云卒年有误。清人何焯就认为赵云卒于"建兴七年"的记载当为"建兴六年"，理由是赵云"本信臣宿将，箕谷失利，适由兵弱。既贬杂号将军以明军法，散关之役，使其尚在，必别统万众，使复所负，而不闻再出，其必殁于是冬之前矣"②。还有一种可能是，后人在传抄《后出师表》时，可能把名字抄错，事实上世传的《后出师表》确有抄错之处，如表中说曹操"任用李服而李服图之"。《后汉书》载，建安"五年春正月，车骑将军董承、偏将军王服、越骑校尉种辑受密诏诛曹操，事

---

① 《三国志》卷三十五《蜀书·诸葛亮传》裴注引《魏略》。
② 何焯：《义门读书记》卷二十七，中华书局，1987年。

泄。壬午，曹操杀董承等，夷三族"[1]。胡三省在注释《资治通鉴》"后出师表"这条记载时也说："李服，盖王服也，与董承谋杀操被诛。"[2]可见李服为王服之误。今人对《后出师表》中的"丧赵云"之"丧"做出新解，认为此处之"丧"作"失去"讲，并举出《马忠传》作为辅证。夷陵之战蜀军大败，从陆路进攻孙吴的蜀汉统帅黄权因没有退路，无奈投降曹魏。刘备退到永安，"见忠与语，谓尚书令刘巴曰：'虽亡黄权，复得狐笃，此为世不乏贤也'"[3]。黄权直至明帝景初四年（240）距夷陵之战十八年后才去世。所以刘备说"亡黄权"并非指黄权已死，而是失去黄权。"丧赵云"与"亡黄权"无论在语法结构还是表达意思上都十分相似。[4]从逻辑和常理上推论，用赵云之死否认《后出师表》的真实性也证据不足。《后出师表》说：

> 然丧赵云、阳群、马玉、阎芝、丁立、白寿、刘郃、邓铜等及曲长屯将七十余人，突将无前。賨、叟、青羌散骑、武骑一千余人，此皆数十年之内所纠合四方之精锐，非一州之所有，若复数年，则损三分之二也，当何以图敌？[5]

---

[1] 《后汉书》卷九《孝献帝纪》。
[2] 《资治通鉴》卷七十一《魏纪·明帝太和二年》胡三省注。
[3] 《三国志》卷四十三《蜀书·马忠传》。
[4] 刘莉莉：《20世纪以来〈后出师表〉真伪论争述评》，《金陵科技学院学报（社会科学版）》2012年第2期。
[5] 《三国志》卷三十五《蜀书·诸葛亮传》裴注引《汉晋春秋》。

这里的"丧赵云"若作死亡讲，后面的阳群等七人以及曲长屯将七十余人、散骑武骑一千余人则同时死亡，这种可能性完全没有。因为箕谷之役，虽然由于兵弱敌强，战役失利，但全军而退，不至大败。回到汉中后，赵云被贬为镇军将军。按照逻辑推理，第一次北伐失利后，赵云有可能因退军时亲自断后而负伤[①]，也有可能是退军后身染疾病，总之，不能参加当年冬天举行的二次北伐。"丧赵云"理解为"失去赵云的参与"是合理的，如果这样，诸葛亮第二次北伐在228年冬[②]，赵云在转过年即229年去世，二者并不矛盾。

上述几种可能性把以赵云卒年证明《后出师表》为后人伪作的可能性降到最低。

三、《诸葛亮集》为什么不收录《后出师表》

诸葛亮的《后出师表》曾在江东孙吴流传。诸葛亮的侄子诸葛恪任孙吴督中外诸军事时，曾多次北伐曹魏。诸大臣多次谏止，甚至有人固争。诸葛恪曾著论"谕众"，论中曾说："近见家叔父表陈与贼争竞之计，未尝不喟然叹息也。"[③]"家叔父"指诸葛亮，"与贼争竞之计"的表章显然是《后出师表》，因为《前出师表》主要是安排北伐以后的国事，《后出师表》才

---

① 《三国志》卷三十六《赵云传》裴注引《云别传》曰：亮曰："街亭军退，兵将不复相录，箕谷军退，兵将初不相失，何故？"芝答曰："云身自断后，军资什物，略无所弃，兵将无缘相失。"
② 《资治通鉴》记为"十二月，亮引兵出散关，围陈仓"。
③ 《三国志》卷六十四《吴书·诸葛恪传》。

含"与贼争竞"的内容。这样一条本可以证实《后出师表》的材料也被人用来作为否定其真实性的证据。其理由是，在《三国志》及《诸葛亮集》里，陈寿从未提及《后出师表》，因此，《后出师表》可能是诸葛恪为给自己北伐制造更充分的理由而伪造的，又被张俨收录在《默记》中。这里有两个关键问题需要澄清：陈寿到底见没见过《后出师表》？如果见过，为什么在编纂《诸葛亮集》时没有把它收进去？

陈寿写《三国志》时，见没见到过《后出师表》呢？答案应当是肯定的。《后出师表》的中心意思就是反对"以长计取胜"，不能"以一州之地与贼持久"，应当趁现在国力尚未衰弱，积极进取，以实现统一天下的王业。而陈寿给晋武帝的《上撰〈诸葛亮集〉表》，其中说诸葛亮"又自以为无身之日，则未有能蹈涉中原、抗衡上国者，是以用兵不戢，屡耀其武"[①]，对诸葛亮出兵不止的原因及心态分析得那么准确，应当是看过他的《后出师表》。

陈寿既然看到过《后出师表》，为什么在编《诸葛亮集》时没有把它收入集中呢？原因只有一个，那就是《后出师表》鲜明地否认曹魏政权的合法性。

《后出师表》开宗明义："先帝虑汉、贼不两立，王业不偏安"，把曹魏政权称为"贼"，并且在表中陆续出现了六个"贼"字。东晋习凿齿，也是把曹魏政权视为篡逆的，他作《汉晋春秋》，"起汉光武，终于晋愍帝。于三国之时，蜀以宗室为正，魏武虽受汉禅晋，尚为篡逆，至文帝平蜀，乃为汉

[①] 《三国志》卷三十五《蜀书·诸葛亮传》。

亡而晋始兴焉。引世祖讳炎兴而为禅受，明天心不可以势力强也"①。而在《汉晋春秋》中，习凿齿把张俨《默记》中记载的诸葛亮《后出师表》加以全文引述，可见《后出师表》对曹魏政权合法性持鲜明的否定态度。

  西晋司马氏作为从曹魏手中接过皇帝玉玺的继承者，绝不容许对曹魏政权正统性的否定，尤其是这种否定出自诸葛亮文中。这是因为诸葛亮在当时具有巨大影响和特殊地位。史书记载，诸葛亮去世后，朝廷未及时给他立庙，一时出现"百姓巷祭，戎夷野祀"②的场面。"汉中之民，当春月，男女行哭，首戴白楮币上诸葛公墓，其哭甚哀。"③西晋袁准著《袁子》说："亮死至今数十年，国人歌思，如周人之思召公也，孔子曰'雍也可使南面'，诸葛亮有焉。"④诸葛亮不仅在民间影响巨大，而且在对手眼中也是受尊敬的人物。蜀军由于诸葛亮去世撤军后，司马懿来到蜀军营垒，观其遗事，称赞诸葛亮为"天下奇才"⑤。曹魏镇西将军钟会征蜀，至汉川，祭亮之庙，令军士不得于亮墓所左右刍牧樵采。⑥曹魏景元四年（263），蜀汉灭亡后，司马昭便派陈勰去学诸葛亮围阵用兵倚伏之法。⑦西晋建立后，晋武帝司马炎就与给事中樊建一起讨论诸葛亮的治蜀特点。樊建说，诸葛亮"闻恶必改，而不矜过，赏罚之信，足感

---

① 《晋书》卷八十四《习凿齿传》。
② 《三国志》卷三十五《蜀书·诸葛亮传》裴注引《襄阳记》。
③ 《三国志集解》卷三十五《诸葛亮传》注引《砚北杂志》。
④ 《三国志》卷三十五《蜀书·诸葛亮传》裴注引《袁子》。
⑤ 《晋书》卷一《宣帝纪》。
⑥ 《三国志》卷三十五《蜀书·诸葛亮传》。
⑦ 《晋书》卷二十四《职官志》。

神明"。司马炎听完后，不由得对这位曾经是自己祖父的死对头的人心驰神往，说："善哉！使我得此人以自辅，岂有今日之劳乎！"[1]陈寿撰《诸葛亮集》，也是奉了朝廷御旨。陈寿在《上撰〈诸葛亮集〉表》中说：

> 臣前在著作郎，侍中领中书监济北侯臣荀勖、中书令关内侯臣和峤奏，使臣定故蜀丞相诸葛亮故事。亮毗佐危国，负阻不宾，然犹存录其言，耻善有遗，诚是大晋光明至德，泽被无疆，自古以来，未之有伦也。[2]

《诸葛亮集》是荀勖、和峤奏请晋武帝使陈寿编纂的，目的是使诸葛亮之善言无所遗漏，以达到"知其人之意理，而有补于当世"的目的。可见，在西晋统治者眼里，诸葛亮已成为超越敌我范畴的贤人智者。

正因为诸葛亮有这样的地位，西晋司马氏是不允许说曹魏为"贼""篡逆"之类的字眼出自诸葛亮之文的。在《诸葛亮集》中，也有"敌国诽谤之言"，如《前出师表》中仅有的一处"愿陛下托臣以讨贼兴复之效；不效，则治臣之罪，以告先帝之灵"[3]。至于"曩者汉祚中微，网漏凶慝，董卓造难，震荡京畿。曹操阶祸，窃执天衡，残剥海内，怀无君之心。子丕孤竖，敢寻乱阶，盗据神器，更姓改物，世济其凶"[4]这段话，则

---

① 《三国志》卷三十五《蜀书·诸葛亮传》裴注引《汉晋春秋》。
② 《三国志》卷三十五《蜀书·诸葛亮传》。
③ 《三国志》卷三十五《蜀书·诸葛亮传》。
④ 《三国志》卷三十三《蜀书·后主传》。

是后主刘禅诏书之语。即使这样，陈寿也通过颂扬式的语言进行了说明："伏惟陛下迈踪古圣，荡然无忌，故虽敌国诽谤之言，咸肆其辞而无所革讳，所以明大通之道也。谨录写上诣著作。"① 可见西晋朝廷对编纂《诸葛亮集》控制之严，亦见陈寿在《诸葛亮集》中把《后出师表》排除在外是经过审慎考虑的无可奈何之举。

四、肯定《后出师表》真实性的意义

对诸葛亮《后出师表》真伪的讨论已经持续了几百年，时至今日，肯定《后出师表》的人越来越多，本文写作的目的，也是想为肯定《后出师表》提供更多的史实及分析的支撑。之所以如此，是因为这是一项很有意义的事情。

首先，肯定《后出师表》的真实性，可以使我们对当时的历史了解得更深入。《后出师表》的历史背景是北伐首战不利，事后马谡、张休、李盛三人因违反节调，丢失街亭，致使北伐失利，被处以极刑。将军黄袭也负有一定责任，被解除兵权。赵云因箕谷失利，被降职为镇军将军。诸葛亮自己因"授任无方"，"明不知人"而"自贬三等，以督厥咎"。从这些严厉的处置看，首战不利对蜀汉政权来说是一个重大事件，在这个重大事件面前，人们不可能无动于衷。但人们的反应是什么，它对蜀汉政权的消极影响有什么具体表现？《三国志》没有详细记载。而《后出师表》中"六未解"则反映得很具体：

---

① 《三国志》卷三十五《蜀书·诸葛亮传》。

未解一："高帝明并日月，谋臣渊深，然涉险被创，危然后安。今陛下未及高帝，谋臣不如良、平，而欲以长计取胜，坐定天下"。这说明首战失利，刘禅产生了灰心情绪，不支持再次出兵北伐，而想以长计取胜。

未解二："刘繇、王朗各据州郡，论安言计，动引圣人，群疑满腹，众难塞胸，今岁不战，明年不征，使孙策坐大，遂并江东"。这说明刘禅的消极情绪是有些人影响的结果。他们以国家安全为由，主张利用益州险固，守险自保，对北伐行动满腹狐疑，甚至问难。

未解三："曹操智计殊绝于人，其用兵也，仿佛孙、吴，然困于南阳，险于乌巢，危于祁连，逼于黎阳，几败北山，殆死潼关，然后伪定一时耳。况臣才弱，而欲以不危而定之"。这说明有些人总想着不经过艰难危险轻而易举取胜，经不起失败的挫折。

未解四："曹操五攻昌霸不下，四越巢湖不成，任用李服而李服图之，委夏侯而夏侯败亡，先帝每称操为能，犹有此失，况臣驽下，何能必胜？"这说明刘禅有这样的要求：再次北伐，保证必胜。

未解五："自臣到汉中，中间期年耳，然丧赵云、阳群、马玉、阎芝、丁立、白寿、刘郃、邓铜等及曲长屯将七十余人，突将无前。賨、叟、青羌散骑、武骑一千余人，此皆数十年之内所纠合四方之精锐，非一州之所有，若复数年，则损三分之二也，当何以图敌？"这说明有人主张利用益州险固，守险自保，等到力量强大时再行北伐。

未解六："今民穷兵疲，而事不可息，事不可息，则住与行劳费正等，而不及今图之，欲以一州之地与贼持久"。这指出了以长计取胜，以一州之地与据数州之地的曹魏长期对峙的想法是危险的一厢情愿。

刘禅的灰心，对再次北伐必胜的要求，一些人害怕挫折、企图轻易取胜的想法，守险自保、等待力量壮大后再北伐的想法，都是第一次北伐失利消极影响的结果。这种结果是客观合乎逻辑地产生的，是我们通过《后出师表》所看到的。

其次，肯定《后出师表》的真实性，便把理解诸葛亮的优秀品质和精神进一步落到实处。《后出师表》集中体现了诸葛亮以统一为己任的历史责任感和百折不挠的进取精神。例如表中说道：

> 先帝虑汉、贼不两立，王业不偏安，故托臣以讨贼也。以先帝之明，量臣之才，故知臣伐贼才弱敌强也；然不伐贼，王业亦亡，惟坐待亡，孰与伐之？是故托臣而弗疑也。臣受命之日，寝不安席，食不甘味，思惟北征，宜先入南，故五月渡泸，深入不毛，并日而食。臣非不自惜也，顾王业不得偏全于蜀都，故冒危难以奉先帝之遗意也。①

所谓"王业不偏安"，即统一大业不偏安于益州一隅，这既是刘备对诸葛亮的寄托，也是诸葛亮奋斗的目标。为了这个目标，他寝不安席，食不甘味，南征北伐，冒危履难。尽管首战受挫，尽管前面还会有难以逆见的事情发生，他仍然要全力以

---

① 《三国志》卷三十五《蜀书·诸葛亮传》裴注引《汉晋春秋》。

赴,"鞠躬尽力,死而后已"的献身精神也有了实实在在的文献依据。

第三,肯定《后出师表》的真实性,则历代人们对诸葛亮的赞颂也就有了根基。诸葛亮对后世的影响巨大,而他的前后出师表更是历代文人赞颂的对象。宋代谌祐诗:"两表蜀天开日月,三军汉地出旌旗。"[①]元代文学家揭奚斯诗:"八阵通神明,二表贯穹苍。"[②]明代黄辉《襄阳隆中四十四韵》:"三分宁夙画,二表自余音。"[③]明代杨时伟说:"孔明二表并千古之正气。"[④]时至今日,在许多纪念诸葛亮的名胜古迹中,仍不乏人们对诸葛亮"两表"所表现精神的崇敬。如陕西岐山五丈原诸葛亮庙有楹联:"一诗二表三分鼎,万古千秋五丈原。"这里的武侯祠有楹联:"义胆忠肝,六经以来二表;托孤寄命,三代而后一人。"在襄阳古隆中,有明代文人游俊在三顾堂前题写的:"两表酬三顾,一对足千秋。"此外还有曹立庵书写的:"两表一对,鞠躬尽瘁酬三顾;鼎足六出,威德咸孚足千秋。"阎钧江书写的:"问鼎三分三顾地,出师两表两朝心。"

抚古观今,诸葛亮的人格与精神历久弥高,而《后出师表》的著作权归属诸葛亮,使人们对两表的赞颂有了坚实的文献支持。

---

① 刘壎《隐居通议》卷八《桂舟七言律撷》,《影印文渊阁四库全书》,子部,第866册。
② 《诸葛忠武书》,《影印文渊阁四库全书》,史部,第447册。
③ 《御选宋金元明四朝诗·御选明诗》,《影印文渊阁四库全书》,集部,第1444册。
④ 《诸葛忠武书》,《影印文渊阁四库全书》,史部,第447册。

羁马拜谒画像石（东汉），河南邓州市长家店墓出土

谯周为什么主张投降

公元263年，曹魏发大军征伐蜀汉，征西将军邓艾、镇西将军钟会、雍州刺史诸葛绪数道并进。钟会从斜谷入汉中，蜀将姜维退守剑阁。邓艾率军从阴平小道直取江油，攻克涪县、绵竹，进入成都平原，直逼蜀汉都城。面对曹魏大军兵临城下，蜀汉后主刘禅选择投降，而这种选择的主要推手是光禄大夫谯周。谯周为什么主张投降？投降曹魏是他的一贯主张吗？如果不是，投降思想是从什么时候开始的？回答这些问题，得从谯周与儒家的关系入手。

一、谯周生活环境的文化背景

谯周是巴西西充人，他所生长的巴蜀地区有着深厚的儒家文化土壤。《华阳国志·巴志》记载："其民质直好义，土风敦厚，有先民之流。"在巴地，有这样一首古诗：

> 川崖惟平，其稼多黍。旨酒嘉谷，可以养父。野惟阜丘，彼稷多有。嘉谷旨酒，可以养母。

还有一首祭祀之诗：

> 惟月孟春，獭祭彼崖。永言孝思，享祀孔嘉。彼黍既洁，彼牺惟泽。蒸命良辰，祖考来格。[①]

---

① 《华阳国志》卷一《巴志》。

从诗的形式及风格看，颇似《诗经》，应是巴蜀地区比较早的古诗。在蜀地，流传的孝敬父母的故事更加美丽动人。成都人禽坚，字孟由。其父禽信，在县衙中任县吏，在出使越嶲时被人掠走，卖入少数民族部落中。禽信失踪时，禽坚还没有出世。禽坚出世后，母亲因生活所迫改嫁他人。禽坚长大后，知道了父亲被掠卖这件事。他便为人做佣工，积攒很多钱去寻父亲。禽坚"一至汉嘉，三出徼外，周旋万里，经六年四月，突瘴毒狼虎，乃至夷中得父"。禽坚寻回父亲，又把母亲接回来赡养。禽坚孝敬双亲之事在蜀地广为流传。另有雒人姜诗，字士游，也是个大孝子。他的母亲非常喜欢喝长江之水，爱吃鲤鱼脍，而且不喜独食，常常与邻居老太太共享。这样，姜诗弄江水和鲤鱼常常要备双份。有一次，姜诗带着儿子到江中为母亲汲水，儿子不小心掉入江中淹死。姜诗怕母亲伤心，强忍悲痛，骗母亲说把儿子送走学习去了，仍每日为母汲水捕鱼不辍。这件事感动了神灵，忽然有一天，姜诗的屋侧涌出一股泉水，其味道和长江水一样。不但如此，泉中每天都出两条鲤鱼，这下姜诗不用每天远去江边汲水捕鱼了。还有僰道人隗相，字叔通，侍奉母亲至孝。隗相母亲爱喝江水中央的水，隗相就不分冬夏，常年为母亲取江中之水。此事感动了天神，天神便让江水正中生出一块巨石，以供隗相取水。

巴蜀之人多讲究德行礼义。如成都人仲昱，从小拜严季后为师，从之受学。严季后任汶江尉时，写信让仲昱前来。仲昱答应十月去，不料此时夷人反叛，交通阻隔。但仲昱不失信于老师，毅然如期前往，"经度六七，几死"，数年后终至汶江。任末，字叔本，蜀郡繁人，与董奉德同学于京师。后来，董奉德病死。任末推着小车为其送丧。任末的老师死时，任末自己也身患重病，他抱病去为老师送丧。他怕自己病重，不能活着到老师家，便带着棺木前往。果然，任末在途中病故，临死前"遗令敕子载丧至师门，叙平生之志也"。绵竹人左乔云，年少时被左通收为养子。左通曾为一个犯人作保，不料此犯人被保释后逃走，左通因此受连坐。县吏因为左通没有强壮的儿子，便欺侮他，想把他的髌骨弄坏，使他残废。左乔云当时只有十三岁，他怒不可遏，持锐刀杀死县吏，把左通救了出来。什邡人贾栩，字元集，为人讲义气。雒县人孟伯元为父报仇，杀了仇人，受到官府通缉。他听说贾栩讲义气，便前往投奔他，雒县县官听说孟伯元的去向，便带兵追来。贾栩听说，叹道："孟伯元把我视作义士，前来投我，我岂能背叛他！但如果我杀了雒县官兵，必然会使我什邡县受连累。"在这种两难的境况中，贾栩便自杀了。①

上述诸人中，有的尊师，有的讲信，有的重义，有的嫉恶，有的忠于友情。这些人和事，体现了巴蜀人重德讲义的精神风貌。孝敬父母，尊师爱友，诚信无欺，重义如山，疾恶如仇，这些都和儒家传统的道德观念合拍。

巴蜀之地儒家文化的延续和传播，与统治者的提倡有密切关系。西汉时文翁为蜀郡太守，仁爱好教化，特选郡县小吏开敏有才者十余人遣送京师，受业博士，或学律令，学成归来皆被重用。据史籍记载：

---

① 《华阳国志》卷十《先贤士女总赞》。

（文翁）又修起学官于成都市中，招下县子弟以为学官弟子，为除更繇，高者以补郡县吏，次为孝弟力田。常选学官僮子，使在便坐受事。每出行县，益从学官诸生明经饬行者与俱，使传教令，出入闺阁。县邑吏民见而荣之。数年，争欲为学官弟子，富人至出钱以求之。繇是大化，蜀地学于京师者比齐鲁焉。①

至东汉时，蜀地的儒学之风仍旧很盛。有关史书这样记载：

降及建武以后，爰迄灵、献，文化弥纯，道德弥臻。……是以四方述作，有志者莫不仰其高风，范其遗则，擅名八区，为世师表矣。其忠臣孝子、烈士贞女，不胜咏述，虽鲁之咏洙泗，齐之礼稷下，未足尚也。②

可见两汉时期巴蜀地区的儒学文化底蕴是非常深厚的。

三国时期，蜀汉政权中有一批在蜀地成长起来的儒者，犍为南安人五梁，"以儒学节操称"，"丞相亮领益州牧，选迎皆妙简旧德，以秦宓为别驾，五梁为功曹"。③巴西阆中人周群，任儒林校尉。④梓潼涪人尹默，曾"远游荆州，从司马德操（徽）、宋仲子（忠）等受古学。皆通诸经史，又专精于左氏《春秋》"，刘备取得益州后，在蜀汉政权中任劝学从

---

① 《汉书》卷八十九《循吏·文翁传》。
② 《华阳国志》卷三《蜀志》。
③ 《三国志》卷四十二《蜀书·杜微附五梁传》。
④ 《三国志》卷四十二《蜀书·周群传》。

事。① 尹默的同乡李仁，和尹默一起到荆州，也是荆州学派领袖人物司马徽、宋忠的学生。他的儿子李譔"具传其业，又从默讲论义理，五经、诸子，无不该览"，在蜀汉政权中任书佐、尚书令史、太子庶子等职，著古文《易》《尚书》《毛诗》《三礼》《左氏传》《太玄指归》等。② 谯周就是这批儒家学者中的一个。

二、谯周的儒家文化修养

谯周不仅生活在儒家文化氛围很浓的巴蜀地区，而且出身于儒学世家。他的父亲以研究儒家经典《尚书》为专长，又兼通儒家其他经典，还长于图谶和纬书之学。谯周继承了其父的儒学传统。史载，谯周耽古笃学，研精《六经》，③ 曾经整理过汉代的礼仪制度，著有《五经然否论》，非常具体地探讨过三老礼的细节④，对汉代礼仪制度有研究。除了儒家的典籍制度外，谯周也讲图谶、天文星象，曹丕代汉后，谯周与刘豹、向举、张裔、黄权等人上表劝刘备称帝，里面就用了大量谶纬和天象作为根据。⑤ 儒家学者兼通图谶、天象在当时尤其是巴蜀地区并不奇怪，谶纬方术在东汉大行，一些古文经学家也往往吸取谶纬方术，以突出自己为现实服务的特

---

① 《三国志》卷四十二《蜀书·尹默传》。
② 《三国志》卷四十二《蜀书·李譔传》。
③ 《三国志》卷四十二《蜀书·谯周传》。
④ 见《续汉书》卷四《礼仪志》注、《隋书》卷三十二《经籍志一》。
⑤ 《三国志》卷三十二《蜀书·先主传》。

点。巴蜀是扬雄的故乡，扬雄所作《太玄》在巴蜀的影响显而易见。《太玄》是什么？扬雄自己说："经莫大于《易》，故作《太玄》。"① 可见《太玄》是根据《周易》而作。荆州学派领袖宋忠曾为《太玄》作注，陆绩曾经批评说："夫《玄》之大义，揲蓍之谓，而仲子失其旨归。休咎之占，靡所取定，虽得文间义说，大体乖矣。"② 这说明宋忠注《太玄》不讲究象数占卜等方术，也证明有人坚持注《玄》应该讲方术，巴蜀地区的儒者包括谯周，应该属于既修儒家经典又吸收谶纬方术之类。

谯周的儒家修养还表现在他对后主刘禅的劝谏上。刘禅喜好声乐游观，谯周上疏用历史经验进行劝谏，他指出，王莽末年，更始帝、公孙述兵多众广，然而都快情恣欲，怠于为善，游猎饮食，不恤民物。光武帝刘秀初入河北，务理冤狱，节俭饮食，动遵法度，于是邓禹自南阳追随之，吴汉、寇恂遥闻刘秀德行，举渔阳、上谷突骑迎于广阿。其余望风慕德者邳彤、耿纯、刘植之徒，至于舆病赍棺，褓负而至者，不可胜数，所以刘秀能以弱为强，战胜王郎、铜马、赤眉而成帝业。所以古语说"百姓不徒附"，只依附有德之人。他希望刘禅以德为重，"省减乐官、后宫所增造，但奉修先帝所施，下为子孙节俭之教"。③ 谯周的儒学文化修养，是他在蜀汉末期面对兵临城下的曹魏大军主张投降的思想基础。

---

① 《汉书》卷八十七下《扬雄传下》史臣赞曰。
② 《全三国文》卷六十八陆绩《述玄》。
③ 《三国志》卷四十二《蜀书·谯周传》。

三、天下统一是谯周的追求

儒家经典《春秋》中提出了"大一统"观念，汉代的大儒董仲舒又结合当时的具体实际丰富了大一统思想的内容。可以说，大一统是儒家的传统观念，谯周深受这种观念的影响。生活在汉末天下分裂局面中，谯周希望结束战乱天下统一。曹丕代汉自立，在蜀汉群臣看来是"湮灭汉室，窃据神器，劫迫忠良，酷烈无道"的行为。这是诸葛亮等人劝刘备称帝表中的话，上表之人里面虽然没有谯周，但在此之前谯周等人也上过类似的劝进表，表中谯周充分发挥自己通谶纬的特长，说什么"赤三日德昌，九世会备，合为帝际""天度帝道备称皇，以统握契，百成不败"等谶语，暗示刘备当称帝，并劝刘备"应天顺民，速即洪业，以宁海内"。[①]可见在谯周眼里，曹氏是窃据汉室迫害忠良的无道奸贼，天下应当统一，但担当此任的不是曹氏，而是刘备。刘备去世后，诸葛亮领益州牧，命谯周为劝学从事。诸葛亮北伐，病逝在北伐前线，谯周在家听到这个消息，立即前往汉中奔丧，不久朝廷下诏禁断，多数人被阻拦，只有谯周因行动得早而得以到达汉中。[②]这些事实表明，从刘备进入益州直到诸葛亮去世，在十多年的时间里，谯周一直认为蜀汉应该是统一天下的承担者。

谯周的思想发生变化是在诸葛亮去世十多年以后，具体的表现就是他的《仇国论》。《三国志》卷四十二《谯周传》记载：

---

① 《三国志》卷三十二《蜀书·先主传》。
② 《三国志》卷四十二《蜀书·谯周传》。

"于时军旅数出，百姓凋瘁，周与尚书令陈祗论其利害，退而书之，谓之《仇国论》。"从这个记载可以考证出《仇国论》写作的大概时间。谯周写《仇国论》是在与尚书令陈祗讨论出兵征伐的利害，陈祗是在延熙十四年（251）吕乂去世后代吕乂任尚书令的，可见其《仇国论》的写作时间是在延熙十四年以后。在《仇国论》中，谯周虚拟了两个国家，一个是因余国，一个是肇建国。因余国小而弱，肇建国大而强。实际上因余国暗指蜀汉，肇建国暗指曹魏。他又虚拟了两个人物，因余国的高贤卿和伏愚子。高贤卿问伏愚子："如今我们国家尚未安定，上下劳心。过去那些以弱胜强的事情，都是通过什么方法做到的？"

伏愚子回答："我听说，处于强大而没有忧患处境的人，做事常常轻率随意，处于弱小地位又有忧患意识的人始终想着把事情做好。做事常常轻率随意就会出乱子，常常想着把事情做好就会出现政治清明的局面。这是永久不变的道理。所以周文王休养人民，最终以少胜多。越王勾践抚恤民众，最后以弱胜强。这就是你所问的方法啊。"

高贤卿说："想当初项羽强大刘邦弱小，两边长期战争，没有一天安定。然而却是项羽提出以鸿沟为界，各自回到自己的地界使人民休养生息。刘邦的谋臣张良认为民众的心一旦安定下来，再动员他们就很难了。紧接着，刘邦便率领部队追击项羽，最后把他消灭。这哪里说明一定要走周文王的道路才能以弱胜强呢？如今肇建之国正在闹瘟疫，我们趁着这个机会，进攻它的边界，就有希望增加它的困难而消灭它。"

伏愚子说："在商朝、周朝的时候，被分封的王侯们世世代代享受尊贵，君臣关系长久稳固，民众已经习惯于在这种政治环境中生活。根扎得很深的植物难以把它拔起来，基础牢固的东西难以把它迁移走。在那个时候，即使是汉高祖又怎能凭着武力而取得天下呢？在秦朝废除封建分封制实行郡县制以后，人民被秦朝的劳役弄得疲敝不堪，终于起来造反，使天下分崩离析，有时一年换一个君主，有时一月换一个王公，人们像受惊的鸟兽一样，不知道该怎么办。于是各路有实力的豪强纷纷起兵互相争斗，就像虎狼撕抢猎物一样，争抢速度快的人获得的就多，迟缓者就被别人吞掉。当今我国与肇建之国全都是经过了皇帝传位换代，这种形势已经不像秦末那样动荡不安了，而是像战国时诸强并立，所以只有像周文王那样取得天下，很难像汉高祖那样建立帝业。人民疲敝不堪就会出现社会动乱的征兆，上边君主轻率下边官员暴虐就会使社会出现瓦解形势。谚语说：'在射箭时，与其在多次失误中侥幸射中一次，不如准确地瞄好靶子一箭射中。'所以智者不会被小利转移视线，不会因为似是而非而改变自己行进的方向。他们等待天时许可然后行动，与天数相合然后起兵，商汤王、周武王的军队之所以能不战而胜，实在是因为他们重视百姓的休养生息而且能够审时度势啊。如果因循崇尚武力、滥用征伐手段的做法，造成土崩瓦解的形势，不幸遇到灾难，即使有智慧的人也不能有什么回天之策了。至于在军事上指挥军队奇变纵横，神出鬼没，冲过河流阻断道路，翻山越谷，不用舟船就能渡过孟津这类的事，我这个愚昧的人，实在没有这方面的本事。"[①]

[①] 参见《三国志》卷四十二《蜀书·谯周传》。

谯周《仇国论》中高贤卿和伏愚子的对话，实际上表达了谯周对蜀汉连年用兵的看法。此时的谯周再也不像拥护诸葛亮那样拥护当权者对曹魏连年用兵了，并认为曹魏并非当年的项羽，蜀汉也不是当年的刘邦，蜀汉不可能以武力征服，只能像周文王那样审时度势，恤众养民，发展壮大自己，以图将来。

谯周思想的变化与当时形势的变化有密切关系。在蜀汉政权内部，由于诸葛亮、蒋琬等人相继去世，人才非常缺乏，不断地对曹魏用兵又大大消耗了国力。陈祗当政后，虽然位在姜维之下，但姜维常年领兵在外，远离朝政，陈祗对上逢迎取悦于后主，对下与宦官黄皓互为表里，宦官黄皓开始干预政事，蜀汉的政治正在走下坡路。蜀汉所面临的外部环境也发生了很大变化。在孙吴方面，孙权末年的太子之争加剧了政局动荡，孙权去世后，后继者昏庸无能，不能成为蜀汉抗曹的外援力量。在曹魏方面，以司马氏为代表的世家大族势力已经崛起，在镇压了一系列政治上的反对势力后，政治日益稳定，军事上日益强大。在这种情况下，谯周思想的变化就不是偶然的了。

谯周的思想变化在蜀汉政权的知识分子中是有代表性的。蜀郡成都人杜琼，少年师从任安，精通《周易》和图谶。他先后在蜀汉政权中任议曹从事、左中郎将、大鸿胪、太常，晚年"阖门自守，不与世事"。我们可以从他与谯周的对话中发现他这种状态的原因。谯周问："昔周征君以为当涂高者魏也，其义何也？"杜琼说："魏，阙名也，当涂而高，圣人取类而言耳。"他发现谯周一脸惊诧，问："难道还有什么可奇怪的吗？"谯周说："我还是不明白。"杜琼进一步解释说："古者名官职不言曹；始自汉已来，名官尽言曹，吏言属曹，卒言侍曹，此殆天意也。"杜琼对谶语"当涂高者魏也"以及"属曹""侍曹"的解释，表明一些知识分子正在对蜀汉政权失去信心。杜琼死于延熙十三年，正是谯周作《仇国论》前夕。杜琼死后，谯周又根据杜琼生前所言作这样一段谶语：

> 《春秋传》著晋穆侯名太子曰仇，弟曰成师。师服曰："异哉君之名子也！嘉耦曰妃，怨耦曰仇，今君名太子曰仇，弟曰成师，始兆乱矣，兄其替乎？"其后果如服言。及汉灵帝名二子曰史侯、董侯，既立为帝，后皆免为诸侯，与师服言相似也。先主讳备，其训具也，后主讳禅，其训授也，如言刘已具矣，当授与人也；意者甚于穆侯、灵帝之名子。

后主景耀五年（262），宫中大树无故自折，谯周深感忧虑，又不能对别人明讲，便在柱子上写了这样一句话："众而大，期之会，具而授，若何复？"意思是，"曹"字有众多的意思，"魏"字的意思是高大的宫阙，天下当会聚在曹魏的统治下，把一切都准备好了然后授给别人，这样怎么还能有再继立起来的君主呢？至此，谯周仍未放弃天下应该统一的信念，只不过这个统一者从蜀汉变成了曹魏。①

景耀六年冬，曹魏大举伐蜀，魏大将军邓艾克江由（油），长驱直入，直至蜀汉都城成都。后主召集群臣会议，有人提出孙吴与蜀为盟国，可以投奔孙吴。有人认为南中地区阻险斗

---

① 参见《三国志》卷四十二《蜀书·杜琼传》。

绝，易以自守，宜可奔南。谯周却提出：

> 自古已来，无寄他国为天子者也，今若入吴，固当臣服。且政理不殊，则大能吞小，此数之自然也。由此言之，则魏能并吴，吴不能并魏明矣。等为小称臣，孰与为大？再辱之耻，何与一辱？且若欲奔南，则当早为之计，然后可果；今大敌以近，祸败将及，群小之心，无一可保，恐发足之日，其变不测，何至南之有乎！[1]

人们历来对谯周的主降颇多非议，其实在谯周看来，由曹魏统一天下的大局已定，不但蜀汉改变不了，孙吴也改变不了。尽管谯周对蜀汉的信心前后有所变化，但对天下统一的追求和向往一直没有变，顺应统一大势，正是谯周主张投降的根本原因。

---

[1]《三国志》卷四十二《蜀书·谯周传》。

诸葛亮的八阵图及其应用

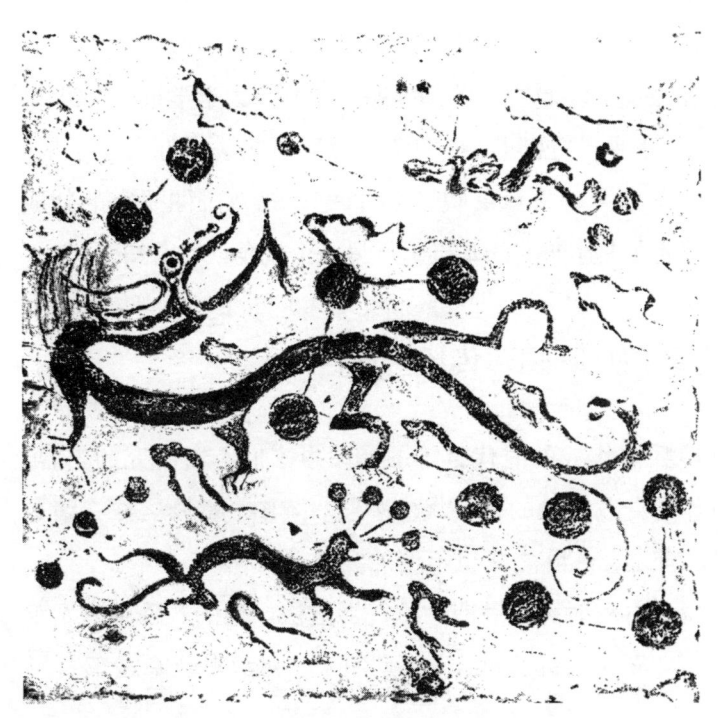

龙凤星宿画像砖（东汉），四川成都出土。画面由龙、凤、星宿及云纹组成。现藏四川博物院

八阵图是诸葛亮重要的军事发明之一，其在军事乃至文学领域都产生了深远影响。长期以来，人们对八阵图一直给予高度的关注，这方面的研究也是硕果累累。早在20世纪80年代初期，谭良啸先生就相继发表了《白帝城八阵图遗址考》(《四川大学学报》1981年第1期)、《试论诸葛亮的八阵图》(《社会科学》1983年第5期)等文章。90年代余大吉先生《诸葛亮八阵图及阵法试探》(《中国史研究》1994年第3期)堪称深入研究诸葛亮八阵图的佳作。李兆成《论魏晋南北朝的车阵与诸葛亮八阵图》(《成都大学学报》2008年第6期)，符丽平、李欣航《诸葛亮八阵图神化及其原因》(《成都大学学报》2009年第6期)，宦书亮《诸葛亮八阵图探赜》(《南昌大学学报》2003年第1期)，张东《"沔阳八阵图考、说"析》(《成都大学学报》2001年第2期)等文章反映了21世纪以来八阵图研究的新成果。本文欲在上述研究的基础上从另一个视角谈些心得。

一、诸葛亮八阵图对传统的超越

在冷兵器作战的时代，阵图是军事家们不懈研究的内容，排兵布阵是克敌制胜的重要战术手段。阵图、战阵之法在诸葛亮前早已有之，八阵之法也不例外。

据说，春秋时孙武就有"八阵"之法。他的八阵中有"苹车之萃"。"苹车"即"屏车"，是用来"对敌自蔽隐之车"。[①]

---

① 《周礼注疏》卷二十七《春官·车仆》郑玄注。

在孙子之后，大军事家孙膑著《孙膑兵法》，内有《八阵》篇。汉承秦制，每年十月讲武都试，皇帝亲至长水南门，"会五营士为八陈（阵）进退"[1]。东汉时，车骑将军窦宪曾用"八阵"之法大破匈奴北单于。[2] 至东汉末，曹操统治的北方对八阵之法仍是"士民素习"[3]。

诸葛亮的八阵之法，与以前的八阵有很大不同。

首先，作战方法与春秋战国时有很大不同。春秋战国时以车战为主，而诸葛亮所生活的汉末三国早已变成步兵、骑兵作战为主了。在孙武时，屏车阵只是八阵之一，到诸葛亮时，八阵则全部由蔽隐之车进行万般变化。

其次，八阵的内容与前代有很大不同。诸葛亮的八阵与以前相比，发生了根本性的变化。诸葛亮为人行事，一向谨慎，但是，当他完成八阵图的研究时说："八阵既成，自今行师，庶不覆败。"[4] 从诸葛亮的兴奋、自信言辞中，可见他对传统的八阵进行改革之后对蜀国的军事进步具有多么大的意义。《三国志》的作者陈寿说诸葛亮"推演兵法，作八陈图"[5]。推演，有研究的意思；作，有创新的意思。晋太傅掾李兴也说："推子八陈，不在孙、吴。"[6] 孙即孙武，吴即吴起。孙、吴用来泛指春秋战国时的兵法。可见诸葛亮的八阵图确实有春秋战国时所未具备的新内容。

---

[1] 《三国志》卷一《魏书·武帝纪》裴注引《魏书》。
[2] 《后汉书》卷二十三《窦宪传》。
[3] 《三国志》卷一《魏书·武帝纪》裴注引《魏书》。
[4] 《水经注》卷三十三《江水》一。
[5] 《三国志》卷三十五《蜀书·诸葛亮传》。
[6] 《三国志》卷三十五《蜀书·诸葛亮传》裴注引《蜀记》。

再次，诸葛亮八阵的历史地位是前代八阵所不能比拟的。"它吸取前人八阵的优点，是八阵的集大成者，达到中国冷兵器时代集团方阵的一个高峰。"[1]"孔明八阵制度之妙，于斯为极。后世凡言阵法者必宗之"，"立于不败之地，而不失敌之败，斯于阵也几矣"[2]。

最后，诸葛亮八阵的历史影响是前代八阵所不能企及的。

从隋唐至明清，一千多年来，人们对诸葛亮八阵图的研究一直不断，这正表明了它对后世的巨大影响。

隋朝名将韩擒虎对诸葛亮的八阵图有较深的研究，史载他"深明其法"[3]。后来，他把八阵图法传给了他的外甥，即唐初名将李靖。

唐将李靖在唐初曾多次与唐太宗一起讨论军事，后来，其谈论内容集成《李卫公问对》一书。书中记载了他们对诸葛亮八阵图的探讨。

唐太宗问："朕与李勣论兵，多同卿说，但勣不究出处尔。卿所制六花阵法，出何术乎？"

李靖回答："臣所本诸葛亮八阵法也。大阵包小阵，大营包小营，隅落钩连，曲折相对，古制如此，臣为图因之。故外画之方，内环之圆，是成六花，俗所号尔。"

唐太宗又问："内圆外方，何谓也？"

李靖说："方生于步，圆生于奇。方所以矩其步，圆所以缀其旋。是以步数定于地，行缀应于天。步定缀齐，则变化不

---

[1] 余大吉：《诸葛亮八阵图及阵法试探》，载《中国史研究》1994年第3期。
[2] 王鸣鹤：《登坛必究》卷三十四《阵图》。
[3] 《续资治通鉴长编》卷二六〇。

乱。八阵为六，武侯之旧法焉。"①

从上面对话中，可知李靖六花阵与诸葛亮八阵的关系。

北宋神宗时，对诸葛亮八阵的研究又掀起一个高潮。熙宁二年（1069）十一月，"赵卨乞讲求诸葛亮八阵法，以授边将，使之应变"。宋神宗批准了他的要求，并诏郭逵同他一起研究。与此同时，宋神宗还派王震、郭逢原与枢密院副都承旨张诚一，入内押班李宪等率马步军演练李靖营阵法。张诚一用两万人分为七军演练六花阵，但效果极不理想。早在张诚一演练六花阵之前，宋神宗就对走了样的六花阵不满，他说："见校试七军营阵，以分数不齐，前后牴牾，难为施用。可令见校试官摭其可取者，草定八阵军法以闻。"在张诚一演练六花阵之后，他又对近臣说："朕尝览近日臣僚所献阵图，皆妄相眩惑，无一可取。果如其说，则两敌相遇，必须遣使豫约战日，择宽平之地，夷阜塞壑，诛草伐木，如射圃教场，方可尽其法尔。以理推之，其不可用决矣。今可约李靖法为九军营阵之制。"宋神宗否定了臣下对六花阵的研究，只采用了九军五阵法。元丰七年（1084）还下诏说："已降五阵法，令诸将教习，其旧教阵法并罢。"从此，确定了专用大军五阵法的方针。一直到北宋末靖康元年（1126），监察御史胡舜陟还奏说："通直郎秦元所著兵书、阵图、师律三策、大八阵图一、小图二，皆酌古之法，参今之宜，博而知要，实为可用。"当时北宋已危在旦夕，君臣皆无雄图远志，在这种情况下仍有人在研究诸葛亮的八阵图。②

---

① 《李卫公问对》卷中。

② 见《宋史》卷一九五《兵志》九。

到了明代，人们对八阵图研究的兴趣仍不减前人。永乐年间，张烨在唐人李筌研究八阵图的著作《握奇经》的基础上，又推演出八阵图二十五幅，其新其巧，使《握奇经》望尘莫及。然而，这些阵图属于"负诞好奇，不究根本，形势日巧，实用日拙"[①]这一类。而由陕西巡抚蓝章所写的《八阵合变图说》则属于较实用的另一类。明正德六年（1511），蜀中发生动乱，蓝章率兵前去镇压。武都士人龙正深通诸葛亮的八阵图，蓝章便和他一起布小石推演之，最后写成《八阵合变图说》，并下发将士人手一册，"诵而习之"。[②]蓝章所部，军务在身，在入蜀征战之际让将士诵而习之，可见其实用性是很强的。在明代，又有杂兵家作《八阵图序》《八阵图说》《八阵辨正》《辨四奇四正天地风云龙虎鸟蛇》《辨八阵伍法》等。嘉靖年间，晋江（今属福建）学者赵本学作《续武经总要》，对古今研究八阵图的工作作了一番清理总结。

清代康熙年间，学者汪绂又作《武侯八阵图说》。光绪年间，又有汪宗沂辑略诸葛亮八阵图兵法。

隋唐至明清，无数兵家学者对诸葛亮八阵图不断进行研究，说明了诸葛亮八阵图历史影响之远之深。

二、八阵战法的应用及失传

蜀汉灭亡之后，诸葛亮的八阵图并未失传。

曹魏景元四年（263），蜀汉灭亡。也就是在一两年之内，

---

① 《阵记》卷七《阵宜》。

② 诸葛羲、诸葛倬：《诸葛孔明全集》。

司马昭便派陈勰去学诸葛亮围阵用兵倚伏之法（司马昭于魏咸熙二年〔265〕死。蜀灭与昭死仅距两年）。陈勰很快掌握了诸葛亮的八阵之法及"甲乙校标帜之制"。[①]可以说，陈勰是诸葛亮八阵图法的传人。

西晋时，诸葛亮的八阵法仍被运用于战争。

咸宁五年（279），马隆受命平定凉州羌人树机能之乱。"隆于是西渡温水。虏树机能等以众万计，或乘险以遏隆前，或设伏以截隆后。隆依八阵图作偏箱车，地广则鹿角车营，路狭则为木屋施于车上，且战且前，弓矢所及，应弦而倒。奇谋间发，出敌不意。或夹道累磁石，贼负铁铠，行不得前，隆卒悉被犀甲，无所留碍，贼咸以为神。转战千里，杀伤以千数。"[②]

东晋时，运用诸葛亮八阵的战例仍见于记载。

东晋义熙十二年（416），刘裕率晋军北上伐后秦。北魏主拓跋嗣害怕晋军寻机进攻自己，便派长孙嵩等率步骑十万屯驻黄河北岸。刘裕不是伐魏，只是溯黄河西上向后秦京都长安方向进发，而北魏军一直沿河随晋军西行，并不断进行骚扰。为了顺利西进，刘裕决定击退北岸魏军。他先派白直队主丁旿率七百人及车百乘登上北岸，在离河百余步的地方置却月阵。此阵半月形，两端抱河，每车置七战士。魏军不知晋军要干什么，没有马上进攻。只见丁旿摆好车阵以后，马上竖起一根白毦来。刘裕见到白毦竖起，立刻派宁朔将军朱超石率两千人马、大弩一百张驰入却月阵中，这样，每车战士增加到二十七

---

① 《晋书》卷二十四《职官志》。
② 参见《晋书》卷五十七《马隆传》。《李卫公问对》卷上载：唐太宗说："晋马隆讨凉州，亦是依八阵图，作偏箱车。"

人，并配有大弩一张，在每辆车的车辕上设彭排（一种防御器械，相当于盾牌）。这时，北魏军才明白晋军是要设阵作战，便进围晋军。朱超石先用软弓小箭射杀魏军，魏军以为晋军少而弱，便包围上来。魏将长孙嵩率三万骑至，肉薄攻营。这时朱超石才命令百弩俱发，又选善射的弓箭手用丛箭射之。眼看魏军越来越多，弓箭不足以控制敌人的进攻，朱超石又令把带来的千余柄长矛用大锤断成三四尺长，然后以锤击出飞矛，一矛能射穿三四个人。魏兵不能当，一时奔溃。[①]

至南朝萧梁时，人们仍能使用诸葛亮的八阵法作战。

梁武帝天监六年（507），北魏军进攻梁钟离城。梁武帝派韦叡率兵救钟离，在邵阳洲与魏军激战。北魏将杨大眼勇冠三军，率万余骑兵来战，所向披靡。面对北魏铁骑，韦叡"结车为阵，大眼聚骑围之，叡以强弩两千一时俱发，洞甲穿中，杀伤甚众。矢贯大眼右臂，大眼退走"[②]。

上述几个战例，有几点相似之处：都是面对敌人强大的铁骑部队；都是用车乘结阵，以构成骑兵奔突的障碍，破坏敌人骑兵的冲击力；都是用车作为自身的掩蔽物，用强弓弩杀伤敌人。

这种阵法，在《晋书·马隆传》中明确地记为取自诸葛亮八阵法。

由此可见，从西晋，经东晋，至南朝宋、齐、梁，诸葛亮的八阵法并未失传。

---

① 参见《资治通鉴》卷一一八《晋纪·安帝义熙十三年》。又见《宋书》卷四十八《朱超石传》。

② 《资治通鉴》卷一四六《梁纪·武帝天监六年》。

梁、陈以后，诸葛亮的《八阵图》及其他许多军事著作却失传了。这是什么原因呢？

我们知道，南北朝时期，中国的古籍遭遇过两次大劫难。

一次是侯景之乱。梁武帝雅好书籍，注重文化建设，于文德殿内列藏众书，在华林园中总集释典。一个叫阮孝绪的人把这些图书分为七部，其中一部叫《子兵录》，专门收集子书和兵书。侯景攻破梁都建康，使那里的图书遭到一次大破坏。

另一次是西魏军攻破江陵。侯景之乱被平定后，梁元帝把国都从建康迁到江陵，并把建康城文德殿、华林园的图书全都搬到了江陵。此次搬运的图书，大约有七万余卷。西魏军攻破江陵，梁元帝以"读万卷书，犹有今日"，令"焚古今图书十四万卷"，南朝的官藏图书全部焚毁。[①]

诸葛亮的兵书及八阵图很可能就毁于这次劫难中。

在此之前，诸葛亮的八阵战法曾经流传到北方。那是北魏皇兴年间（467—470），从东晋逃到北魏的刁雍，针对北方游牧族柔然的南下侵犯，建议"采诸葛亮八阵之法，为平地御寇之方"[②]。刁雍是东晋人，他对诸葛亮的八阵战法肯定不陌生，但他逃往北魏时，不会将八阵图带走，所谓八阵战法，只是凭经验记忆而已。

三、八阵图揣测

系统演练八阵之法的八阵图的失传，为后代留下一个研究

---

① 《资治通鉴》卷一六五《梁纪·元帝承圣三年》及《考异》。
② 《通典》卷一九六《北狄·蠕蠕》。

不尽的课题，留下一个无法解开的谜。

小说家和民间传说也把八阵图神化，使其笼罩上一层神秘的色彩。神话具有迷人的魅力，传说反映着人心的向背。然而，神话传说不能作为认识历史事实的根据。

那么，真正的八阵图到底该是什么样子呢？

在回答这个问题之前，我们首先要明白诸葛亮为什么要研制八阵图。

诸葛亮一生，以扫除逆贼、兴复汉室为自己奋斗的目标，这就是说，他所打击的主要敌人是曹魏。他所制定的一切战略方针都是为这个目标服务的，所采用的一切战术手段也是为这个目标服务的。诸葛亮军事生涯中，大部分时间和精力也都是用于同魏军作战的。

同魏军作战，有两个问题：

第一，蜀军所面临的是曹魏强大的铁骑。如曹仁的弟弟曹纯，"所督虎豹骑，皆天下骁锐"[1]。这支虎豹骑，随从曹操征袁谭，斩袁谭首。北征乌丸，获单于蹋顿。从征荆州，"一日一夜行三百余里"，最后在当阳长坂追上刘备，"大获其人众辎重"[2]。建安十六年（211），曹操征关中马超、韩遂时，"列铁骑五千为十重陈，精光耀日，贼益震惧"[3]。在与马超、韩遂军作战时，"先以轻兵挑之，战良久，乃纵虎骑夹击，大

---

[1] 《三国志》卷九《魏书·曹仁附曹纯传》裴注引《魏书》。
[2] 《三国志》卷九《魏书·曹仁附曹纯传》，《三国志》卷三十二《蜀书·先主传》，卷三十五《蜀书·诸葛亮传》。
[3] 《三国志》卷一《魏书·武帝纪》裴注引《魏书》。

破之"[1]。骑兵作战，具有速度快、机动性强、冲击力大等优势，在平川作战条件下，要比步兵优越得多。蜀汉也有骑兵，但蜀汉的骑兵远远构不成与曹魏铁骑抗衡的力量。另外，陇右、河套、辽东等产战马的地区全在曹魏控制之下，蜀汉南中也产战马，但数量和质量均不能与曹魏相比。再有，蜀汉北征曹魏，要翻过险峻的秦岭，穿越狭窄崎岖的山谷栈道，使用骑兵，不但增加了粮草运输的负担，也难以在山道中通行。

第二，蜀军与魏军作战，要在平原地带进行。蜀军进攻的方向是关中和陇右，那里基本上是一马平川。在这种情况下，步兵与骑兵作战，显然要吃亏。当然，蜀军有自己的优势，蜀军长于用弩，在冷兵器时代，强弩是一种颇具威力的远距离杀伤武器。但是步兵若没有有利地形，仅靠盾牌防护，根本无法避免被骑兵冲乱阵形以及被践踏追杀的危险。

给敌方骑兵设置障碍，限制其高速、机动、冲击力强的优势，同时也给士兵提供一种灵活可移动的隐蔽物，以更好地保护士卒及发挥弓弩的杀伤力，这是诸葛亮研制八阵图的两个出发点。

诸葛亮用以障碍敌人骑兵，同时又掩护自己的隐蔽物是什么呢？是兵车。

用车阵对付敌人的骑兵，这在三国时是有先例的。官渡之战时，曹操让典农中郎将任峻负责军器粮运。当时，袁绍多次派兵寇抄，断绝粮道。袁绍所派寇抄之兵应是骑兵（《六

---

[1] 《三国志》卷一《魏书·武帝纪》。

韬·均兵篇》载"骑者,军之伺候也,所以踵败军,绝粮道,击便寇也")。任峻便把粮车编成阵,千辆车为一部,"十道方行,为复陈以营卫之,贼不敢近"①。这是用车对付骑兵的战例。

诸葛亮所用之车,当然不是春秋时期的战车,也不是任峻所用的粮草车,而是专用于八阵作战的阵车和冲车。诸葛亮发布的《贼骑来教》说:"若贼骑左右来至,徒从行以战者,陡岭不便,宜以车蒙阵而待之。地狭者,以锯齿而待之。"②这就是说,当步兵在无有利地形可用时,要用车蒙阵对付敌人骑兵的夹击。这种蒙车,可能就是八阵所用的阵车。阵车之外还有冲车。诸葛亮的《军令》说:"敌已来,进持鹿角,兵悉却在连冲后。"③连冲,即连起来的冲车。冲车本为攻城器械,在八阵中也被连起来用作隐蔽物。

在阵车后面,藏有步兵、弓弩手、骑兵等。诸葛亮《军令》说:"敌已附,鹿角里兵但得进踞,以矛戟刺之,不得起住,起住妨弩。"④对于冲近的骑兵,步兵只可蹲在掩蔽物后面用矛戟刺杀,不能站立起来,站立起来会妨碍弓弩手射杀射程内的敌人。诸葛亮还有一条军令说:"连衡之阵,似狭而厚,为利阵。令骑不得与相离,护侧骑与相远。"⑤从上述三条诸葛亮《军令》中内容可知,八阵之内有持矛戟的步兵,持弓弩的射手,传令、护侧的骑兵。

---

① 《三国志》卷十六《魏书·任峻传》。
② 《北堂书钞》卷一一七《武功部·阵》。
③ 《太平御览》卷三三七《兵部·鹿角》。
④ 《太平御览》卷三三七《兵部·鹿角》。
⑤ 《北堂书钞》卷一一七《武功部·阵》。

这一辆辆阵车构成了有一定高度、组合有序的障碍物，这些障碍物又可根据地势和敌情灵活地移动，进行各种排列组合，组成变幻莫测的狭窄通道，这样，既可迟滞、阻碍敌骑的冲击，又冲乱了进入阵中敌骑的战斗队形。同时，隐蔽在车后的步兵和弓弩手又可给近处和远处的敌人以有效的杀伤。

这是一种防中有攻、攻中有防、攻防结合的阵容。

这些骑兵、步兵、弓弩手、阵车是怎样布置的呢？

唐朝初期，唐太宗和大将李靖专门讨论过八阵的布阵问题。他们的讨论，对我们认识诸葛亮的八阵图或许会有启发。

唐太宗问："阵数有九，中心零者，大将握之，四面八向，皆取准焉。阵间容阵，队间容队。以前为后，以后为前。进无速奔，退无遽走。四头八尾，触处为首，敌冲其中，两头皆救。数起于五，而终于八，此何谓也？"

李靖答："诸葛亮以石纵横布为八行，方阵之法即此图也。臣尝教阅，必先此阵。世所传《握机文》，盖得其粗也。"

唐太宗又问："天、地、风、云、龙、虎、鸟、蛇，斯八阵何义也？"

李靖说："传之者误也。古人秘藏此法，故诡设八名耳。八阵本一也。分为八焉。若天、地者，本乎旗号；风、云者，本乎幡名；龙、虎、鸟、蛇者，本乎队伍之别。后世误传，诡设物象，何止八而已乎？"

唐太宗说："数起于五，而终于八，则非设象，实古制也。卿试陈之。"

李靖说："臣按黄帝始立丘井之法，因以制兵。故井分四道，八家处之，其形井字，开方九焉。五为阵法，四为间地，此所谓数起于五也；虚其中，大将居之，环其四面，诸部连绕，此所谓终于八也。及乎变化制敌，则纷纷纭纭，斗乱而法不乱；混混沌沌，形圆而势不散，此所谓散而成八，复而为一者也。"[1]

唐太宗提出的第一个问题中有一大段话，这段话四字一句，共十七句，出于当时流传的兵书《握奇经》。这十七句话被认为是八阵口诀，它讲了八阵的设置、八阵的动作、八阵的变化等等。

所谓"阵数有九，中心零者，大将握之"，"阵间容阵，队间容队"，是讲八阵的设置。八阵的设置像个"井"字，前、后、左、右和前左、前右、后左、后右四个角组成八阵，把大将居中指挥的方阵围起来。这种以八围一的九阵，就是"阵数有九，中心零者，大将握之"的意思。八阵当中，前、后、左、右为实地，设置战斗部队，而前左、前右、后左、后右四个角为虚地，供机动部队活动。每块实地当中，也按照八阵的原则分成四实四虚，小方阵的指挥将领居中。这样，大八阵套小八阵，这就是"阵间容阵，队间容队"的意思。

八阵不是死的，形象地说，它像一个巨大的平面坦克，可以前后左右移动。我们知道，在现代战争中使用的坦克，就是一种立体的、攻防结合的战术武器。它的八面坚甲，可防御来自前后左右上下的攻击，它的火炮又是攻击的有效手段。同时，它可以四处移动，可以进攻和退却。八阵也是这样。古代冷兵器作战是平面的，八阵以车为掩蔽物，有效地防御来自四

---

[1] 以上对话，见《李卫公问对》卷上。

面的攻击，就相当于坦克的厚厚的钢壁，士兵们发射的强矢，就相当于坦克的火炮。同时，八阵也是可移动的。由于八阵有前有后，有左有右，是对称的，所以移动起来相当灵活，以前为前就向前，以后为前就后退，以左为前就向左，以右为前就向右，可前后左右进行整体移动。当然，整个阵形的移动，是靠全体士卒的运动来实现的。所以，八阵对全体士卒的运动速度要求是很严的，前进时不得速奔，后退时不得猛跑。这就是"以前为后，以后为前，进无速奔，退无遽走"的意思。

八阵是变化的。

首先是阵式的变化。八阵口诀中有"数起于五，而终于八"。这是什么意思呢？"五"，指前、后、左、右、中五块实地。诸葛亮《兵要》说："到前止处，候骑精锐，四向散列而立，各依本方下营。一人一步，随师多少，咸表十二辰，竖大旝，长二丈八尺，审子午卯酉地，勿令邪僻，以朱雀旝竖午地，白兽旝竖酉地，玄武旝竖子地，青龙旝竖卯地，招摇旝竖中央。"①这个记载，不但证实了李靖关于龙、虎、蛇、鸟是用以区别队伍的标志的判断，也与八阵"数起于五"的说法相吻合。青龙、白虎、朱雀、玄武，分别代表东、西、南、北四个方向，加上中央，正好为五阵。东、西、南、北四方为实，东北、西北、东南、西南四个角为虚。但是，虚实不是固定不变的，东、西、南、北、东北、西北、东南、西南八个位置，每个位置运动起来都有可能是实地，这就是静为五，动为八，"数起于五，而终于八"。

---

① 《太平御览》卷三三一《兵部·斥候》。

其次是奇正的变化。奇正是古代军事学中的一个十分重要的命题。《孙子》说："凡战者，以正合，以奇胜。""战势不过奇正，奇正之变，不可胜穷也。"① 宋人王晳注说："奇正者，用兵之钤键，制胜之枢机也。"② 孙膑对奇正的解释是："形以应形，正也；无形而制形，奇也。"意思是用常规战法对常规战法为正，用临机制变的战法对常规战法为奇。又说："静为动奇，逸为劳奇，饱为饥奇，治为乱奇，众为寡奇，发而为正，其未发者奇也。"③ 八阵中也反映了兵家的奇正观念，它将八阵分为四正四奇，四实为正，四虚为奇。历代兵家，都是奇正分开讲的，只着重解决什么是正、什么是奇。而诸葛亮的八阵图，通过八阵的不断变幻，揭示了奇正间的转换关系。在诸葛亮的八阵中，静态的八阵是有奇正、虚实之分的，而一旦进入战斗状态，八阵便处在变幻莫测的状态中。动态的八阵，奇也是正，正也是奇，虚也是实，实也是虚。这就是"变化制敌，则纷纷纭纭，斗乱而法不乱"。李靖总结奇正关系说："善用兵者，无不正，无不奇，使敌莫测。故正亦胜，奇亦胜。"④ 这是对奇正关系的精辟总结，是对《孙子》的"以正合，以奇胜"理论的发展。李靖对奇正的这种认识高度，与诸葛亮八阵的虚实变幻、奇正转化的启发是分不开的。

最后是阵形的变化。这就是口诀中所说的"四头八尾，触处为首，敌冲其中，两头皆救"。八阵虽有头尾之分，但哪里

---

① 《孙子》卷五《势篇》。
② 《孙子十家注》卷五《势篇》王晳注。
③ 《孙膑兵法·奇正篇》。
④ 《李卫公问对》卷上。

与敌人短兵相接，需要救援，哪里就会变成头。诸葛亮说"地狭者，宜以锯齿而待之"，也说明这种阵形的变化。阵形变化是个复杂的变化过程，自从诸葛亮八阵图失传以后，八阵阵形是怎样变化的就一直是后代人猜测不已的问题。明朝陕西巡抚蓝章写的《八阵合变图说》是研究这种变化的著作之一。明人赵本学也根据历代记载演绎了诸葛亮八阵十八势变化图。这十八势，包括了从编成到作战各个阶段在内的一般阵势，可将其划分阶段如下：

编成阵势：分阵队第一势、定将校第二势；

行军阵势：发行结阵第三势；

宿营阵势：营栅第四势；

布阵阵势：初布阵第五势；

备战阵势：敛兵待敌第六势；

挑战阵势：严阵挑战第七势；

防御阵势：先锋应敌第八势、敌攻左哨第九势、敌攻两哨第十势、再合右奇迭战第十一势、三合左奇迭战第十二势、四合中军迭战第十三势、五合三军大战第十四势；

追击阵势：战胜追逐第十五势、收阵整兵第十六势；

阻击阵势：据险阻敌第十七势；

回军阵势：回军转战第十八势。①

---

① 赵本学：《诸葛亮阵法正宗十八势》，见《续武经总要》卷七，《武备志》卷六十四，阶段划分采余大吉《诸葛亮八阵图及阵法试探》，载《中国史研究》1994年第3期。

上述对诸葛亮八阵阵形变化的研究，虽然不能说完全符合原阵图的真相，但比起对八阵图的神化来要更接近真实情况，更具有现实意义。

持斧俑，三国吴，湖北武汉黄陂蔡塘角1号墓出土。武汉博物馆藏

孙氏父子与朱氏豪族

王仲荦先生论述东晋时南下的北方世家大族与南方世家大族的关系时说，北方南下的世家大族在开发江东时，为避免与南方世家大族发生经济利益的冲突，他们绕过顾、陆、朱、张等江南大族势力很强的吴中地区，转而到大族势力较弱的浙东会稽地区求田问舍。[①]可见东晋时，朱氏家族在吴中地区已经具有很大势力。

郑樵《通志十二略》述朱氏源流说："本邾也，姓曹，其世系见于邾。邾既失国，子孙去'邑'，以'朱'为氏。其后盛大者，有沛国、丹阳、永城、吴郡、钱塘、义阳、丹阳、太康、河南之九族，显于汉、唐间。"[②]可见朱氏家族起源很早，成为豪族在三国孙吴，强盛于东晋。吴中朱氏包括吴郡、丹阳两支，本文的朱氏豪族专指朱然家族。

一、朱氏豪族的奠基人

朱然家族属丹阳（杨）朱氏，其家族成为豪强势族始于朱

[①] 王仲荦《魏晋南北朝史》，上海人民出版社，2003年，第306页。

[②] 郑樵撰，王树民点校：《通志二十略·氏族略第二》。王树民按：所列九族之名，"丹阳"居其二。《新唐书·宰相世系表》朱氏项下云："禹，司隶校尉、青州刺史，坐党锢诛。子族避难丹杨，丹杨朱氏之祖也。"是二"丹阳"中其一应为"丹杨"。丹阳为县名，魏晋以来，为与丹阳郡相区别，书之为"丹杨"，或称"小丹阳"与"小丹杨"。《通鉴》晋纪成帝咸和三年，苏峻进攻建康，陶回曰："峻知石头有重戍，不敢直下，必向小丹杨南道步来。"是其例。其地在今江苏溧水与安徽当涂二县之间，与镇江以南之丹阳县异地而同名，宜加"小"字或改书"杨"字为妥，或加附注说明之。郑樵撰，王树民点校：《通志二十略》，中华书局，1995年，第58、76、77页。

治。朱治，丹阳（杨）郡故障县人，以县吏起家，被察举为孝廉，后被辟为扬州从事史。他为朱氏家族的兴盛做了三项奠基工作。

第一，随从孙坚南征北战。孙坚任长沙太守时，朱治任军司马。此时长沙郡区星自称将军，率万余众人攻城掠邑，零陵、桂阳二郡周朝、苏马、郭石等人也与区星遥相呼应。平定本郡区星之后，孙坚又越境平定了周朝、苏马等。越境征讨，对孙坚不是首次。庐江太守陆康的从子在宜春县长任上时，县城曾被围攻。孙坚应邀越境救援，手下主簿劝谏，孙坚说："太守无文德，以征伐为功，越界攻讨，以全异国。以此获罪，何愧海内乎？"[①]可见由于东汉朝廷朝纲崩坏，越境征伐已经不被视为违规行为。因此，朝廷录其前后功劳，封之为乌程侯。而致使孙坚封侯的功劳中，就有朱治的一份。史载，朱治随从孙坚"讨长沙、零、桂等三郡贼周朝、苏马等，有功，坚表治行都尉"[②]，后来又随从孙坚讨伐董卓，率领步骑帮助徐州牧讨伐黄巾军，是孙坚手下得力干将。

第二，积极协助孙策开辟江东。孙坚在讨伐董卓中，与袁术结成同盟，袁术上表奏请朝廷任孙坚为行破虏将军，领豫州刺史。在朝纲土崩的汉末，所谓上表奏请只是个形式，其实就是任命。孙坚也不负袁术所望，在阳人大破董卓军，并斩杀董卓部将华雄。这时候，有人在袁术面前离间他与孙坚的关系，袁术便对孙坚起了疑心，断了给孙坚的军粮供给。孙坚星夜驰行百里，面见袁术说："所以出身不顾，上为国家讨贼，下慰将

---

① 《三国志》卷四十六《吴书·孙坚传》裴注引《吴录》。
② 《三国志》卷五十六《吴书·朱治传》。

军家门之私仇。坚与卓非有骨肉之怨也,而将军受潜润之言,还相嫌疑!"[1] 从孙坚"下慰将军家门之私仇"可见其与袁术关系的亲近。[2] 孙坚死后,其子孙策继续依附袁术,袁术也特别欣赏孙策,说:"使术有子如孙郎,死复何恨!"[3]并让孙策继续统领孙坚的部众。袁术曾经向孙策许愿,让他做九江太守。但是正式任命时,九江太守却是丹阳人陈纪。袁术派孙策攻打庐江太守陆康,允诺打下庐江后让孙策做太守。但打下庐江后,袁术却用自己的部下刘勋做太守。袁术的反复食言,使孙策对其愈益不满。在这种情况下,朱治建议孙策离开袁术,开辟江东。

朱治不仅建议孙策开辟江东,而且采取行动解除孙策进军江东的后顾之忧。在此之前,孙策的舅舅吴景任丹阳太守时,孙策把母亲、弟弟孙权等人安置在丹阳的曲阿(今江苏丹阳)。袁术占据了扬州州治寿春之后,扬州刺史刘繇便把州治移到曲阿。由于孙策与袁术的关系,刘繇又把孙策的舅舅吴景和孙策的从兄孙贲赶到历阳,并派樊能、于麋屯驻横江津,张英屯驻当利口,以抵御袁术。由于母亲和弟弟都在刘繇控制的曲阿,孙策无法专心进军江东。而朱治派人把孙策的母亲和弟弟孙权从曲阿接到阜陵(今安徽全椒东南),远离了刘繇,免除了孙策东进的后顾之忧。

第三,结好孙权。孙权自幼就深受孙坚喜爱,史载他"方颐大口,目有精光",孙坚称他有非凡的贵人之相。朝廷使者

---

[1] 《三国志》卷四十六《吴书·孙坚传》。
[2] 《三国志》卷六《魏书·袁绍传》载:"卓闻绍得关东,乃悉诛绍宗族太傅隗等。当是时,豪侠多附绍,皆思为之报,州郡蜂起,莫不假其名。"
[3] 《三国志》卷四十六《吴书·孙坚传》。

刘琬见过孙权后也说:"吾观孙氏兄弟虽各才秀明达,然皆禄祚不终,惟中弟孝廉,形貌奇伟,骨体不恒,有大贵之表,年又最寿,尔试识之。"孙策也十分看好弟弟,常常在宴饮众将时指着他们对孙权说:"此诸君,汝之将也。"[1]朱治也看中了孙权的与众不同,他在兼领吴郡太守时,便举十五岁的孙权为孝廉。孙策死后,朱治与张昭共尊奉孙权为主。史载孙权与朱治的关系,"治每进见,权常亲迎,执版交拜,飨宴赠赐,恩敬特隆,至从行吏,皆得奉贽私觌"[2]。

诸葛亮说:"孙权据有江东,已历三世,国险而民附,贤能为之用,此可以为援而不可图也。"[3]孙氏两代三世经营江东,至建安初年,已经成为根基牢固的势力。朱治与孙家两代人结下深厚的情谊,与孙家三世经营同时成长,这就为朱氏家族的豪强化打下了牢固的基础。

二、朱氏豪族的光大人

朱然是朱氏豪族的第二代,也是把朱氏家族做强做大之人。朱然与孙权年纪差得不多,孙策去世,孙权十五岁继其兄统事,朱然此时十九岁。史载朱然与孙权"同学书,结恩爱"[4],有朱治的关系,又加上两人同学书,关系自然不一般。

朱然作为朱治的后代,能够壮大朱氏家族,与他的武勇

---

[1] 《三国志》卷四十七《吴书·孙权传》及裴注引《江表传》。
[2] 《三国志》卷五十六《吴书·朱治传》。
[3] 《三国志》卷三十五《蜀书·诸葛亮传》。
[4] 《三国志》卷五十六《吴书·朱然传》。

善战有关。陈寿说朱然"以勇烈著闻",评价中肯。孙吴立国,既无挟天子的优势,也无汉室后裔的正名,只有努力开拓一途。在东吴的开疆拓土中,以勇烈著闻的朱然正好发挥其才干。其才干突出表现在以下三大战役中。

夺荆之战。建安二十四年(219),孙吴乘关羽北伐襄阳之机,在背后偷袭荆州。朱然与潘璋在临沮阻断关羽归路,擒杀关羽。

夷陵之战。东吴黄武元年(222),蜀汉发动了旨在夺回荆州的夷陵之战,朱然督统五千人与陆逊兵力一起抵御蜀汉军队,又攻破蜀汉前锋部队,断其后道,为夷陵之战的胜利作出了重要贡献。

江陵之战。黄武元年年底,曹魏又向江陵发动进攻,派遣曹真、夏侯尚、张郃等勇将把朱然军包围在江陵城中,魏文帝曹丕亲自进驻宛县督战。孙权派将军孙盛督万人在江洲之上立屯,为朱然外援。张郃率军渡江大破孙盛,孙盛退军,江陵便成为一座内外隔绝的孤城。孙权又派遣潘璋、杨粲等率军解江陵之围而未成功。当时江陵形势十分危急,城中士兵多患肿病,能够战斗的只有五千人。城外魏军"起土山,凿地道,立楼橹",从高处射向城中的箭矢密如雨注。将士皆惊慌失色,而朱然却指挥若定,激励将士,坚守城池,不但将魏军始终阻止在城外,还粉碎了江陵令姚泰叛变与魏军里应外合的图谋。江陵之战进行了半年,魏军始终没有进展,最后只得退军。[①] 魏

---

① 《三国志》卷二《魏书·文帝纪》裴注引《魏书》载魏文帝退兵诏书:"贼中疠气疾病,夹江涂地,恐相染污。昔周武伐殷,旋师孟津,汉祖征隗嚣,还军高平,皆知天时而度贼情也。且成汤解三面之网,天下归仁。今开江陵之围,以缓成死之禽。且休力役,罢省繇戍,畜养士民,咸使安息。"

军为维护体面，还列举了一系列理由：避免被江陵吴军传染疾病，知天时而料敌情，效法先贤，休力养民，等等。然而，这些冠冕堂皇的理由掩盖不住败退的事实。朱然所率的吴军是胜利的一方。

夺荆之战、夷陵之战、江陵之战这三大战役，全都是围绕着荆州这块地方展开的，不论是蜀汉还是曹魏，都不能撼动孙吴保卫荆州的决心，因此也不能在这个地方取胜。因为荆州对孙吴至关重要。从地理位置看，荆州的绝大部分版图都在今天湖北、湖南两省境内，州治江陵，就在今湖北沙市西北的长江边上。孙吴的首都建业，也在长江之滨，地处荆州下游。荆州是孙吴西边的门户。从经济角度讲，孙吴所占的江东地区，只有江浙一带还算富庶，其他许多地方在当时尚未开发，经济十分落后。而当时的荆州，土地肥沃，士民殷富，有了它，就可以使国家经济实力大大增强。可以说，荆州关系到孙吴政权的强弱、安危和存亡。荆州对下游南京的重要，东晋人何充有一段话说得非常精彩。他说："荆楚国之西门，户口百万，北带强胡，西邻劲蜀，经略险阻，周旋万里。得贤则中原可定，势弱则社稷同忧，所谓陆抗存则吴存，抗亡则吴亡者，岂可以白面年少猥当此任哉！"[①]因此，可以说，上述三大战役是孙吴的立国之战，朱然在三大战役中所立战功，确立了他在孙吴政权中的地位，也光大了家族的势力。

---

① 《晋书》卷七十七《何充传》。

三、孙吴对朱氏豪族的培植

上述朱治奠基、朱然光大只是朱氏豪族形成的一个方面,另一方面,朱氏豪族的形成也离不开孙吴政权的培植。

《三国志》记载,朱然不是朱治的亲生子,而是朱治的外甥,本姓施。朱治当时无子,便把朱然过继为己子。在当时社会,为传宗接代而收养继子是常见的事情。如巴西阆中人马忠,自幼被外家所养,改外家姓狐,名笃。后来才恢复本姓,改名马忠。① 又如巴西宕渠人王平,本养于外家,随外家姓何,后来又恢复姓王。② 诸葛乔是诸葛瑾的次子,本字仲慎。诸葛亮未有子,请以诸葛乔为继嗣,过继后改字为伯松。③ 曹魏韩浩无子,以养子荣嗣。④ 新野侯文聘死,因其子文岱先于文聘死亡,文聘养子文休嗣爵位。⑤ 关于朱然过继给外家,《三国志》这样记载:

> 初治未有子,然年十三,乃启策乞以为嗣。策命丹杨郡以羊酒召然,然到吴,策优以礼贺。⑥

---

① 《三国志》卷四十三《蜀书·马忠传》。
② 《三国志》卷四十三《蜀书·王平传》。
③ 《三国志》卷三十五《蜀书·诸葛亮附诸葛乔传》。
④ 《三国志》卷九《魏书·夏侯惇传》裴注引《魏书》。
⑤ 《三国志》卷十八《魏书·文聘传》。
⑥ 《三国志》卷五十六《吴书·朱然传》。

在《朱绩传》后说：

> 初，然为治行丧竟，乞复本姓，权不许，绩以五凤中表还为施氏，建衡二年卒。①

这两条记载表明，朱然过继给朱治，与马忠、王平有两个不同：一个是，朱治上书孙策请求以朱然为嗣，过继是通过最高统帅的命令实现的；另一个是，朱然没有自己恢复本姓的自由，恢复本姓要通过孙吴最高统治者批准。

朱然过继如此特殊，背后隐含着孙氏政权扶植朱氏家族的良苦用心。朱然过继给朱治那年，朱治已经三十九岁了，年近四旬的人膝下无子，尽管有吴郡太守之权，安国将军之职，金印紫绶之荣，毗陵侯爵之封，娄、由拳、无锡、毗陵四邑之禄，这一切都是朱治所开创，如果没有人继承，家族会很快衰落。一个家族成为豪族，必须有两三代人的继承和光大。而朱然是有能力承担起继承和光大朱治业绩的人。

孙策是选中朱然做朱治家族继承人的人，孙权则是给朱然光大家族提供舞台的人。吕蒙乘关羽北伐襄阳之机，率军偷袭江陵，夺取荆州。关羽闻讯回师当阳，西保麦城。孙权把伏兵临沮断关羽之路的任务交给朱然，使其立下擒杀关羽的大功一件。

夺回荆州后，吕蒙任南郡太守，镇守江陵。吕蒙病重，孙权问他："卿如不起，谁可代者？"蒙对曰："朱然胆守有余，愚

---

① 《三国志》卷五十六《吴书·朱然传附朱绩传》。

以为可任。"①这个对话似乎表明吕蒙之后谁接替他镇守荆州孙权还拿不定主意。其实不然，朱然过继后就与孙权交往甚密，二人同学书，结恩爱。孙权主持孙吴政事后，立刻提拔朱然为余姚长，山阴令，加折冲校尉，督五县。后来孙权认为朱然才干出奇，任之为临川郡守。镇守江陵重任，孙权不可能想不到朱然。孙权征求吕蒙意见，当为了借吕蒙之威望加重朱然镇守江陵的砝码以服众人。②吕蒙去世后，朱然便顺理成章地成为镇守江陵的主将。

　　孙权不仅给朱然创造立奇勋大功的机会，还给他以崇高的地位。诸葛瑾之子诸葛融、步骘的儿子步协，在他们父辈亡后，各承袭父任，孙权又特别让朱然总为大督，地位在他们之上。在陆逊去世后，"功臣名将存者惟然，莫与比隆"。朱然暮年病重，孙权昼为之减膳，夜为之不寐，派去送医送药送食物之人，往来不绝于道。朱然派去每一个报告疾病消息的人，孙权全都马上召见，口自问讯，入赐酒食，出送布帛。史载"自创业功臣疾病，权意之所钟，吕蒙、凌统最重，然其次矣"③。

　　上述孙权所做的一切，除表彰功臣激励将帅，还有一个重要目的，就是保持朱治家族的荣耀和地位。黄武三年（224），

---

① 《三国志》卷五十六《吴书·朱然传》。
② 《三国志》卷五十五《吴书·周泰传》载，周泰拜平虏将军，"时朱然、徐盛等皆在所部，并不伏也"。同书卷五十八《吴书·陆逊传》载，陆逊为夷陵之战主帅，"诸将军或是孙策时旧将，或公室贵戚，各自矜恃，不相听从"。夷陵之战结束后，孙权问陆逊："君何以初不启诸将违节度者邪？"可见将领之间或以功勋，或凭旧部，常有相互不服现象。孙权征求吕蒙意见，有让众人服气的用意。
③ 《三国志》卷五十六《吴书·朱然传》。

朱治病逝，朱然为其治丧，行孝三年之后，请求恢复本姓施，孙权没有批准。不但不批准朱然复姓，就是朱然的儿子朱绩复姓也不允许。朱绩复姓为施绩是在孙权去世后孙亮五凤年间。

为什么会如此？

一个家族称"豪"，起码要有两个条件，一个是享誉乡党，一个是累世功勋。早在建安七年（202），朱治就任吴郡太守。黄武元年（222），封毗陵侯，领郡如故。二年，拜安国将军，金印紫绶，徙封故鄣。朱治任吴郡太守期间，吴中四姓子弟许多人都到朱治手下任职，郡吏常以千数。后来朱治感到年已向老，思恋乡土之风，要求回到家乡故鄣屯驻。在家乡故鄣，"诸父老故人，莫不诣门，治皆引进，与共饮宴，乡党以为荣"[①]。朱治的儿子朱才，为人精敏，善骑射，深为孙权喜欢，少年时便因父亲朱治关系任武卫校尉，领兵随孙权征伐，屡立战功。但是家乡的人对他的评论是"少处荣贵，未留意于乡党"，朱才听后感叹道："我初为将，谓跨马蹈敌，当身履锋，足以扬名，不知乡党复追迹其举措乎！"于是更折节为恭，留意于宾客，轻财尚义，施不望报，又学兵法，名声始闻于远近。[②]经朱治朱才两代人的努力，享誉乡党的条件已经具备。

累世功勋对朱家来说也不在话下。朱治、朱然之功前已叙述，第三代朱绩，以父任为郎，后拜建忠都尉，"以胆力称"。朱然去世后，朱绩承袭父业，拜平魏将军，乐乡督。乐乡在今湖北省松滋市东北的长江南岸，与江陵成掎角之势，实际上也

---

① 《三国志》卷五十六《吴书·朱治传》。
② 《三国志》卷五十六《吴书·朱治附朱才传》裴注引《吴书》。

承担起守卫江陵的重任。吴赤乌十三年（250），曹魏征南将军王昶率众攻江陵城，久攻不下而退兵。朱绩写信给奋威将军诸葛融说："昶远来疲困，马无所食，力屈而走，此天助也。今追之力少，可引兵相继，吾欲破之于前，足下乘之于后，岂一人之功哉，宜同断金之义。"[①]诸葛融答应后，朱绩便率兵追击王昶军到江陵西北三十里的纪南城，初战取胜，但由于诸葛融没有跟进配合，朱绩最终失利。尽管如此，朱绩的破敌于前的战术目标还是实现了，因此得到孙权的嘉奖。

但是，朱治家族的累世功勋存在一个问题，即第二代、第三代的功勋实质上都是施姓所建，而且朱然、朱绩都有复姓的要求。虽然在朱然过继之后，朱治也有了自己的后嗣，长子朱才有将帅之才，但早在黄龙三年（231）病逝。次子朱纪虽以校尉领兵，但武功平平，无过人处。三子朱纬、四子朱万岁皆早夭。如果允许朱然、朱绩复姓，朱治家族累世功勋的条件便不复存在。这就是孙权之世始终不允许朱然、朱绩复姓的原因。

四、孙权的智慧

毫无疑问，在朱治家族称豪的过程中，孙权给予了巨大的支持和帮助。通过扶植朱治家族，孙权实现了下述几个目的。

表现了对功臣报德明功的诚意。周瑜是孙吴立国建业的大功臣。诸葛瑾、步骘评价周瑜之功说：

[①]《三国志》卷五十六《吴书·朱治附朱绩传》。

> 瑜昔见宠任，入作心膂，出为爪牙，衔命出征，身当矢石，尽节用命，视死如归，故能摧曹操于乌林，走曹仁于郢都，扬国威德，华夏是震，蠢尔蛮荆，莫不宾服，虽周之方叔，汉之信、布，诚无以尚也。

周瑜有两男一女，女儿嫁给孙登，长子周循有父亲风范，拜骑都尉，但很早去世。次子周胤，初拜兴业都尉，妻以宗女，授兵千人，屯公安。黄龙元年（229），封都乡侯。然而周胤不似周循，所得一切，并非靠建立功勋，而是靠父功之荫，并且在任时纵情肆欲，酗淫自恣，孙权"前后告喻，曾无悛改"，最终废为庶人，徙庐陵郡。诸葛瑾、步骘上书为之求情说：

> 夫折冲扞难之臣，自古帝王莫不贵重，故汉高帝封爵之誓曰"使黄河如带，太山如砺，国以永存，爰及苗裔"；申以丹书，重以盟诅，藏于宗庙，传于无穷，欲使功臣之后，世世相踵，非徒子孙，乃关苗裔，报德明功，勤勤恳恳，如此之至，欲以劝戒后人，用命之臣，死而无悔也。况于瑜身没未久，而其子胤降为匹夫，益可悼伤。窃惟陛下钦明稽古，隆于兴继，为胤归诉，乞匄余罪，还兵复爵，使失旦之鸡，复得一鸣，抱罪之臣，展其后效。

孙权答复说：

> 腹心旧勋，与孤协事，公瑾有之，诚所不忘。昔胤年少，初无功劳，横受精兵，爵以侯将，盖念公瑾以及于胤

也。而胤恃此,酗淫自恣,前后告喻,曾无悛改。孤于公瑾,义犹二君,乐胤成就,岂有已哉?迫胤罪恶,未宜便还,且欲苦之,使自知耳。今二君勤勤援引汉高河山之誓,孤用怃然。虽德非其畴,犹欲庶几,事亦如尔,故未顺旨。以公瑾之子,而二君在中间,苟使能改,亦何患乎!①

孙权表示,如果周胤能改,何患不能恢复荣贵?他甚至在诸葛瑾、步骘、朱然、全琮的请求下答应了要给周胤展其后效的机会。同样,孙权对朱治家族的态度,也从另一个方面表现了他对功臣及其后代的诚意。

取得了地方大族的支持,巩固了统治根基。西晋时华谭曾论述孙权在江东立足的原因说他"内倚慈母仁明之教,外杖子布廷争之忠,又有诸葛、顾、步、张、朱、陆、全之族,故能鞭笞百越,称制南州"②。这些支撑孙吴政权的豪族,顾、张、朱、陆、全都世居吴中,有着很深的社会根基。江东大族的"三定江南"可以说明他们在当地的势力。西晋后期,湖北汉水一带发生了以张昌为首的流民起义,其中由石冰、封云领导的一支队伍在扬州、徐州地区攻城略地,势力不断发展。义兴人周玘推吴郡人顾祕为都督扬州九郡诸军事,动员江东大族武装,配合西晋政府平定了石冰、封云的武装。两年以后,西晋广陵相陈敏起兵反叛,攻略郡县,据有吴越之地。又是顾氏家族中的顾荣联合周玘、甘卓等江东大族配合朝廷攻杀陈敏。西晋末期,匈奴人刘聪攻逼洛阳,受命救援洛阳的吴兴人钱㻅抗

---

① 以上见《三国志》卷五十四《吴书·周瑜传》。
② 《晋书》卷一百《陈敏传》。

命不遵，在广陵起兵，杀害地方官吏，焚烧粮仓，自称平西大将军，率兵进攻义兴。义兴人周玘联合乡里的武装打败了钱璯。"三定江南"虽然发生在西晋，但这些能够安定地方的大族却是形成发展于孙吴。孙权对朱氏豪族的培植，正是培养扶植这些江东大族的缩影。这些江东大族，既在孙吴政权中有重要地位，又在基层乡党中有绝对影响。培养扶植一个豪族，就等于在这个地区扎下一条深深的根；培养扶植多个豪族，就是扎下一片根，这就使得孙吴政权的统治有了牢固的根基。

  孙权扶植江南豪族的举措体现了他的智慧。陆机说孙权："接士尽盛德之容，亲仁馨丹府之爱。拔吕蒙于戎行，识潘濬于系虏。推诚信士，不恤人之我欺；量能授器，不患权之我逼。执鞭鞠躬，以重陆公之威；悉委武卫，以济周瑜之师。"[①] 即任用谋士不担心他会辜负自己，授人以权不害怕他对自己产生威胁，为了加重陆逊的权威，他亲自执鞭接见[②]，为迎战曹军，他将三万精兵交付周瑜指挥。这种种做法体现了一个"诚"字。孙权对江东大族的扶植，从本质上说是为换取他们的支持，但这种换取不是通过"权谋""手段"等"术"的层面，而是通过"诚"这个"道"的层面。"诚"是一种自然状态，是一种不锱铢计较的品格，不患得患失的胸怀。孙权在扶植朱然家族时并没有算计将它扶植到什么程度，使之既为自己服务又不至对自己形成威胁。正是这种"诚"，大得江东大族

---

① 《三国志》卷四十八《吴书·三嗣主传》注引陆机《辨亡论》。
② 《三国志》卷五十八《吴书·陆逊传》注引《逊铭》曰：魏大司马曹休侵我北鄙，乃假公黄钺，统御六师及中军禁卫而摄行王事，主上执鞭，百司屈膝。《吴录》曰：假逊黄钺，吴王亲执鞭以见之。

之心。陆机在《辨亡论》中这样描述孙权得到大族支持之广泛程度：

> 豪彦寻声而响臻，志士希光而影骛，异人辐辏，猛士如林。于是张昭为师傅，周瑜、陆公、鲁肃、吕蒙之畴入为腹心，出作股肱；甘宁、凌统、程普、贺齐、朱桓、朱然之徒奋其威，韩当、潘璋、黄盖、蒋钦、周泰之属宣其力；风雅则诸葛瑾、张承、步骘以声名光国，政事则顾雍、潘濬、吕范、吕岱以器任干职，奇伟则虞翻、陆绩、张温、张惇以讽议举正，奉使则赵咨、沈珩以敏达延誉，术数则吴范、赵达以机祥协德，董袭、陈武杀身以卫主，骆统、刘基强谏以补过，谋无遗算，举不失策。故遂割据山川，跨制荆、吴，而与天下争衡矣。①

魏晋时期流传一句谚语："巧诈不如拙诚。"② 所谓"诈"，即取得别人信任的手段。这说明智术再深，手段再高，也不如以诚心换真心。所以孙权对待大族之"诚"，乃是超然于"驭人之术"的大智慧。

---

① 《三国志》卷四十八《吴书·三嗣主传》注引陆机《辨亡论》。
② 《三国志》卷十四《魏书·刘晔传》注引《傅子》。

伎乐连坐双俑，三国吴，湖北武汉黄陂蔡塘角1号墓出土。
武汉博物馆藏

三国孙吴对交州的经营与对外交流

交州自秦朝就纳入统一国家的版图。东汉末期,国家分裂,诸侯割据,经过不断地战争和兼并,又渐渐地形成了以曹操、孙权、刘备为首的三大军事政治集团。由于交州地理位置特殊,其对孙权集团显得极为重要,因此孙吴对交州的经营格外用力。

交州所辖范围相当于今天的广东、广西大部以及越南的北部、中部,先秦时为南越之地。秦始皇统一后,征服岭南,平定南越,在三十六郡之外,在此地设桂林、南海、象三郡,置南海尉管理此地,史称"东南一尉"。秦朝末年,反秦起义风起云涌,时任南海尉的任嚣病重,临终之际把权力交给赵佗,对他说:"闻陈胜等作乱,秦为无道,天下苦之,项羽、刘季、陈胜、吴广等州郡各共兴军聚众,虎争天下,中国扰乱,未知所安,豪杰畔秦相立。南海僻远,吾恐盗兵侵地至此,吾欲兴兵绝新道,自备,待诸侯变,会病甚。且番禺负山险,阻南海,东西数千里,颇有中国人相辅,此亦一州之主也,可以立国。郡中长吏无足与言者,故召公告之。"[1]任嚣死后,赵佗行南海尉事。秦灭后,赵佗即自立为南越武王。西汉建立后,南越国时顺时叛,直到汉武帝元鼎六年(111),西汉大军击败南越叛军吕嘉,在南越设南海、苍梧、郁林、合浦、日南、九真、交阯七郡,以后又置儋耳、珠崖二郡,并置交阯刺史以督之,成为西汉十三部刺史之一。

建安八年(203),交阯刺史张津、交阯郡守士燮共表立交

---

[1] 《史记》卷一百一十三《南越列传》。

州，朝廷乃拜张津为交州牧。后张津被其将区景所杀，荆州牧刘表遣零陵赖恭代张津。而曹操控制的东汉朝廷闻张津死，却让士燮代理张津，赐其玺书曰："交州绝域，南带江海，上恩不宣，下义壅隔，知逆贼刘表又遣赖恭窥看南土，今以燮为绥南中郎将，董督七郡，领交阯太守如故。"[1] 然而，由于此时曹操还没有控制荆州，对荆州以南的交州更是鞭长不及马腹，而荆州刘表内部矛盾重重，也只能专力经营自己地盘，不能把更多的精力分散到交州。孙权抓住这个时机，把自己的势力深入到了交州。

建安十五年（210），孙权将时领鄱阳太守的步骘调任为交州刺史。史载，步骘虽出身贫寒，却"博研道艺，靡不贯览，性宽雅沉深，能降志辱身"[2]。后来的事实也证明步骘确是江东的一流人才，一直做到孙吴的丞相。颍川人周昭曾著书称赞步骘等人说：

> 古今贤士大夫所以失名丧身倾家害国者，其由非一也，然要其大归，总其常患，四者而已。急论议一也，争名势二也，重朋党三也，务欲速四也。急论议则伤人，争名势则败友，重朋党则蔽主，务欲速则失德，此四者不除，未有能全也。当世君子能不然者，亦比有之，岂独古人乎！然论其绝异，未若顾豫章（顾劭）、诸葛使君（诸葛瑾）、步丞相（步骘）、严卫尉（严畯）、张奋威（张承）

---

[1] 《三国志》卷四十九《吴书·士燮传》。
[2] 《三国志》卷五十二《吴书·步骘传》裴注引《吴书》。

之为美也。《论语》言"夫子恂恂然善诱人",又曰"成人之美,不成人之恶",豫章有之矣。"望之俨然,即之也温,听其言也厉",使君体之矣。"恭而安,威而不猛",丞相履之矣。学不求禄,心无苟得,卫尉、奋威蹈之矣。此五君者,虽德实有差,轻重不同,至于趣舍大检,不犯四者,俱一揆也。①

在历史重要时刻,以步骘这样的人才出任交州刺史,足见交州的重要。交州对孙吴的重要性,从薛综的上书也可以看出来。黄龙三年(231),孙权"以南土清定",诏交州刺史吕岱回朝。薛综上书说:

今日交州虽名粗定,尚有高凉宿贼;其南海、苍梧、郁林、珠官四郡界未绥,依作寇盗,专为亡叛逋逃之薮。若岱不复南,新刺史宜得精密,检摄八郡,方略智计,能稍稍以渐治高凉者,假其威宠,借之形势,责其成效,庶几可补复。如但中人,近守常法,无奇数异术者,则群恶日滋,久远成害。故国之安危,在于所任,不可不察也。②

薛综把能否派有才干的人任交州刺史提到关系国之安危的高度。交州对孙吴的重要性体现在三个方面:

第一,巩固交州,可以阻止刘备集团势力继续向南扩张,

---

① 《三国志》卷五十二《吴书·步骘传》。
② 《三国志》卷五十三《吴书·薛综传》。

以防孙吴南部受其威胁。步骘出任交州刺史，正值赤壁之战结束不久，刘备集团的势力已经南至荆州的长沙、零陵、桂阳、武陵江南四郡，并做着向北扩展到长江的努力。如果再让其势力向南扩至交州，孙吴将受到来自西、南两方面的威胁。

第二，交州出产中原没有的稀罕物品，孙吴可以用它们与中原进行经济和政治上的交易。步骘为交州刺史后，经常派人到首都建业，送去"杂香细葛，辄以千数，明珠、大贝、流离、翡翠、玳瑁、犀、象之珍，奇物异果，蕉、邪、龙眼之属"①，这些东西许多都产自东南亚各国。夷陵之战后，孙刘联盟破裂，孙权向曹魏示好。曹魏文帝遣使向孙吴索求雀头香、大贝、明珠、象牙、犀角、玳瑁、孔雀、翡翠、斗鸭、长鸣鸡等物。这些东西大部分产于交州，为中原曹魏所没有。当时有人说曹魏索求为非礼之举，不应给他。孙权引用春秋施惠的比喻说："有人于此，欲击其爱子之头，而石可以代之，子头所重而石所轻也，以轻代重，何为不可乎？"他认为：如今"方有事于西北，江表元元，恃主为命，非我爱子邪？彼所求者，于我瓦石耳，孤何惜焉？彼在谅暗之中，而所求若此，宁可与言礼哉！"②孙权将交州地区的稀罕物品献给曹魏，换取了与曹魏的暂时联盟。

第三，古罗马、古印度等西亚国家也通过交州和孙吴有商业往来。据《高僧传》记载，孙吴高僧康僧会，本为康居人，其父是个商人，因经商需要而举家移居交阯。又据《梁书·诸

---

① 《三国志》卷四十九《吴书·士燮传》。
② 《三国志》卷四十七《吴书·吴主传》裴注引《江表传》。

夷·中天竺国》记载，孙权黄武五年（226），有大秦（即古罗马帝国）商人名叫秦论，经交阯到达孙吴首都建业。当时诸葛恪讨丹阳，获黝、歙短人。秦论见到后对孙权说，在大秦国见不到这种矮人，孙权便送给他黝、歙矮人男、女各十人，并派会稽人刘咸护送秦论等人回国。后来这些矮人全都在途中死亡，只有秦论返回大秦国。这个记载也从一个侧面反映了交州在沟通中原与西亚国家中的作用。

　　正因为交州对孙吴如此重要，孙吴政权也一贯重视对交州的管理和控制。步骘为交州刺史后，一方面对心怀异心的苍梧太守吴巨进行诱杀，另一方面对在交州有巨大势力的士氏家族进行笼络。交阯太守士燮，其祖上本为鲁国汶阳人，早在西汉末王莽时就避乱到了交州。到士燮的父亲士赐时已经在交州定居六代，士赐死后，士燮任交阯太守，其弟弟士壹任合浦太守，次弟士䵋领九真太守，士䵋的弟弟士武领南海太守。史称士燮兄弟并为列郡，雄长一州，偏在万里，威尊无上。出入鸣钟磬，备具威仪，笳箫鼓吹，车骑满道，胡人夹毂焚烧香者常有数十。妻妾乘辎軿，子弟从兵骑，当时贵重，震服百蛮，是交州最有势力的家族。孙权为了笼络士氏家族，加士燮为左将军，士壹为偏将军，封都乡侯，士燮、士壹的儿子们在交州的都拜为中郎将。孙权的笼络政策收到很好的效果，士燮在世时对孙吴政权忠心耿耿，交州十分稳定，而稳定的交州也充分发挥了与东南亚地区的联络作用。

　　孙权黄武五年，任交阯太守四十多年的士燮死，终年九十岁。士燮死后，交州便出现了动荡。孙权为了更有效地控制交州，便把交州分为两部分，合浦以北为广州，以吕岱为州刺史；

交阯以南为交州，以戴良为州刺史。又派陈时为交阯太守，以士燮之子士徽为安远将军，领九真太守。这个安排引起了士氏家族的不满，士燮之子士徽自命交阯太守，并起兵以武力抗拒戴良和陈时，不让他们到任，使他们滞留在合浦。广州刺史吕岱接受孙权命令，率领兵将向交州进发，平定了士徽发动的兵变。在这个过程中，朱应作为吕岱的州从事，应当参加了这次行动。交州平定之后，吕岱一方面进讨九真，一方面派人到扶南、林邑等国宣扬王化，朱应出使扶南就是在这个背景下进行的。

朱应，三国时吴国人，生卒年不详，籍贯家世亦不可考。《梁书·海南诸国传》记载他曾做过"宣化从事"。考历代职官，只有"从事"，没有"宣化从事"一职。《三国志·吴书·吕岱传》记载，广州刺史吕岱平定交州以后，派遣从事到扶南、林邑、堂明等地"南宣国化"。从事是州刺史的下属官吏，由此可知，朱应曾做过广州刺史吕岱的州从事，因被派往南宣国化，所以后来的史书称其为"宣化从事"。因此也可以进一步知道，朱应建功立业的活动地域主要在交州、广州一带。

朱应奉命出使扶南等海南诸国，一共经历了大大小小一百多个国家，回国后写了《扶南异物志》，与之同行的康泰则写了《吴时外国传》。《扶南异物志》已经亡佚，《吴时外国传》虽然没有了原书，但在《水经注》《太平御览》《艺文类聚》《北堂书钞》《初学记》等书中仍有一些片段的收录。《吴时外国传》记载了朱应、康泰所到的一些国家和地区的情况：都昆国在扶南南三千余里；流黄香，出都昆国，在扶南南三千余里；五马洲出鸡舌香；扶南王用鳄鱼食人与否判断人有罪无罪；扶南有讼者，烧铁令赤，以钳举铁，着手行七步，无罪者手不烧，有罪者手即焦；扶南国伐木为船，长者十二寻，广肘六尺，头尾似鱼，皆以铁镊露装；涨海湾中常出自然白盐；扶南东涨海中有洲，出五色鹦鹉，曾见其白者，如母鸡；天竺国有新陶水，水甘美，下有石盐白如水晶；黑白庥出天竺国；簿国女子织作白叠花布；从加那调州乘大船一个多月可到大秦国；大秦国以水晶为瓦；大秦国、天竺国，皆出金缕织成；斯条国王作白珠交结帐金床；加营国王好马，月支贾人常以舶载马到加营国；林邑国离金陈国步行二千里；安息国离私诃条国二万里；顿逊国属扶南国；嘾杨国人家翔梨尝从其本国到天竺，辗转流贾至扶南；火洲在马五洲之东；拘利东有蒲罗，人有尾，长五六寸，等等。上述记载先后提到了都昆国、五马州、扶南国、涨海湾、天竺国、簿国、加那调州、大秦国、斯条国、加营国、林邑国、安息国、私诃条国、顿逊国、嘾杨国、火洲、拘利、蒲罗等国家名和地名近二十个，从中可见朱应出使的足迹。

朱应奉命出使，目的是宣扬国化，客观上向这些国家和地区介绍了中国文化，并把这些国家和地区的风土人情、地理物产等介绍到了国内，从而加强了中国与这些古国和地区的相互了解与交流。孙吴通过交州与南洋各国的交往，对兴盛于宋代的海上丝绸之路有着筚路蓝缕的贡献。

天象画像石（东汉），河南南阳丁凤店出土。下刻一满月，月内饰蟾蜍，为日升月落之象，日月之间刻有星宿。现藏河南南阳画像馆

三国历史的谢幕人

公元279年冬，西晋六路大军大举伐吴，龙骧将军王濬水军顺长江而下，直指孙吴首都建业。东吴皇帝孙皓出城投降，三国历史结束，孙皓成为三国历史舞台上的谢幕者。

一、在皇位纷争中即位

孙皓（241—284），字元宗，其父孙和，是孙权的第三子，曾为太子，后又被废掉。公元264年，东吴景帝孙休死，孙皓因年长被立为皇帝。孙皓是孙吴的第四位皇帝，在他前面有叔父孙休、孙亮和祖父孙权。孙权是三国时有作为的君主，他十八岁时便继承了父兄统一江东的事业，团结了一大批从北方南下的文武功臣和江南的土著人才，对外联刘抗曹，对内经营江东，开发南方，使东吴政治、经济、军事都有很大发展，成为与魏蜀鼎立的三国之一。

孙权四十八岁称帝，七十一岁病殁，这段时间可视为其后期和晚期。在这期间，作为一个封建帝王，孙权固有的弱点愈益突出地表现出来，从而导致国内阶级矛盾尖锐，政治局势动荡不已。孙权是一个刚愎自用的人，他对大臣的劝谏，往往置若罔闻，对那些敢于犯颜直谏的人，也常常加以排斥。陈郡人郑泉，被孙权任为郎中，常常当着众人对孙权进行劝谏。孙权问他："你喜欢当众面谏，有时竟然不顾君臣之礼，难道你不怕触怒我吗？"郑泉答："我听说君主贤明则臣下敢于直言，现在朝廷上下都无所忌讳，这实在是因为您的宽宏，所以我不怕触犯您。"听了这话，孙权才消了怒气。在一次宴会上，孙权借口郑泉冒犯自己，命令左右将他推出，交给有关部门迅速治罪。孙权看到郑泉被推出时还连连回头，就哈哈大笑，说："你说不怕触怒我，为什么此时还连连回头看我呢！"东吴旧臣虞翻，对孙权多次谏净，孙权很不高兴。有一次宴饮，孙权与张昭说起神仙之事，虞翻因喝醉了酒，指着张昭说："都是要死的人，却谈神仙之事。世间怎么会有神仙呢！"孙权本来就不喜欢虞翻，便借着这件事，将他流放到广州，虞翻最后死在那里。从这两件事可以看出，孙权的种种做法，使得臣下的一些很好的建议不能得到采纳和实施，而自己的一些错误决策也不能得到纠正。

公元230年，孙权准备派军去征夷洲，大臣陆逊上书劝谏说："现在天下未统一，正是需要民力以实现大业的时候。而远征夷洲和珠崖，只能伤损民力，没有什么好处。如今战争不止，干戈不息，百姓陷入贫困的境地。我认为应当育养士民，宽其租赋，这样才可使众和民勇，天下统一。"但孙权却听不进去，派甲士万人征夷洲，结果是"得不补失"。

公元232年，割据辽东的公孙渊派遣宿舒、孙综带着礼品向孙权称臣。第二年，孙权决定派张弥、许晏、贺达等领兵万人，带着金宝珍货越海册封公孙渊。老臣张昭极力反对，当时举朝大臣全都劝谏，以为公孙渊反复无常，不可相信，只派少数人护送宿舒、孙综回去就可以了。但孙权一点也听不进去。果然，公孙渊将张弥、许晏等人杀害，只有六十多人从海上逃回。对此，南朝刘宋人裴松之评论说，孙权"愎谏违众"，"非惟暗塞，实为无道"。① 由于孙权不惜民力，在他统治的最后几

---

① 《三国志》卷四十七《吴书·吴主传》注引裴松之语。

十年中，孙吴百姓赋役繁重，生活日益恶化。早在孙权称帝之初，将军骆统就指出：现在强敌未灭，海内未平，军队征战不已，百姓赋役沉重，再加上各种瘟疫灾害，田地荒芜，民户渐少，又大多是伤残老弱，丁壮已经不多了。因此每月征发，多由居家的老弱来承担，骆统说当时"百姓虚竭，嗷然愁扰，愁扰则不营业，不营业则致穷困，致穷困则不乐生，故口腹急，则奸心动而携叛多也"[①]。这种情况至孙权晚期并未改变，其子孙登临死时上书就指出："窃闻郡县颇有荒残，民物凋弊，奸乱萌生，是以法令繁滋，刑辟重切。"他希望孙权能够"博采众议，宽刑轻赋，均息力役，以顺民望"[②]。就连孙权自己也承认，他统治下的吴国"兵久不辍，民困于役，岁或不登"[③]。这种情况势必激起百姓起来反抗。嘉禾三年（234），庐陵民李桓、罗厉等人起义。嘉禾五年（236），鄱阳民彭旦起兵反抗。嘉禾六年（237）鄱阳民不堪政府兵役，在吴遽领导下起义，豫章、庐陵二郡百姓纷纷响应。这说明孙权晚年，东吴国内阶级矛盾日益激化了。

孙权晚年，统治集团内部的斗争也日益尖锐。孙权有七个儿子，长子孙登被立为太子。但孙登没有即帝位就死了，其弟孙虑也早在嘉禾元年（232）死去，孙权只得立其第三子孙和为太子。孙权虽立孙和，但又十分宠爱第四子孙霸，封他为鲁王。孙霸恃宠与孙和对立，谋夺太子之位。朝中大臣也因此分成两派。丞相陆逊、大将军诸葛恪、太常顾谭、骠骑将军

[①] 《三国志》卷五十七《吴书·骆统传》。

[②] 《三国志》卷五十九《吴书·孙登传》。

[③] 《三国志》卷四十七《吴书·吴主传》。

朱据、会稽太守滕胤、大都督施绩、尚书丁密等人支持太子孙和，而骠骑将军步骘、镇南将军吕岱、大司马全综、左将军吕据、中书令孙弘以及全寄、杨竺等党附鲁王孙霸。孙和的生母王夫人与全公主有矛盾，一次孙权有病，派太子孙和于庙中求神。孙和妃子的叔父张休家离庙不远，因此孙和顺便去张休家看望。不料全公主早已派人在暗中监视，她知道后，就在孙权面前说太子未去庙中祠祭，而是去了妃子家。又说王夫人听说孙权有病，不但不忧，反而高兴。孙权听了大怒，渐渐产生了废掉太子之意。孙和日益失宠，鲁王孙霸却加紧了争夺太子之位的活动。孙霸党羽杨竺见孙权，盛赞孙霸有文武才干，应当为太子，于是孙权答应改立孙霸为太子。二人的谈话恰巧被一个侍者全部听见，侍者把一切告诉了太子孙和。这时，陆逊的族子陆胤要去武昌，来向孙和辞行。孙和并未接见他，而是换上便服悄悄来到陆胤车中，把孙权要改立太子的消息告诉了陆胤，请他帮助转告陆逊。正在武昌的陆逊闻听此信，立即给朝廷上了三四道奏折，说"太子是正统，应有磐石之固，不能轻易变动。鲁王是藩臣，与太子应有差别，只有这样，上下才能获得平安"，并要求回到首都面谏孙权。孙权见秘密已经公开，干脆下令废掉太子孙和，并流放了孙和的亲信顾谭、顾承、姚信，诛杀了太子傅吾粲。陆逊也因此忧愤致死。不久，由于谮毁的真相大白于天下，孙霸也被赐死，其党羽全寄、吴安、孙奇等人全被诛灭。鲁王太子之争以双方的毁灭而告结束，它对东吴的政治产生了严重的影响。朝中的派别并未消弭，一些大臣因这个事件被牵连，使吴国的政治力量受到削弱。由于太子被废，鲁王被赐死，孙权不得不选少子孙亮为继承人。孙亮即位时年仅十岁。孙权临死时见孙亮年幼，便召大将军诸葛恪、中书令孙弘、太常滕胤、将军吕据、侍中孙峻等"属以后事"。但孙弘一向与诸葛恪不和，孙权刚死，孙弘就想矫诏杀死诸葛恪。诸葛恪联合孙峻，先下手除掉孙弘，掌握了朝中大权。随后，孙峻又利用诸葛恪渐失民心之机杀死了他，代其辅政。孙峻辅政，东吴政治更加糟糕，史载孙峻"素无重名，骄矜险害，多所刑杀，百姓嚣然。又奸乱宫人，与公主鲁班私通"。孙峻死后，其族弟孙綝接替了他。孙綝"负贵倨傲，多行无礼"，不久便废掉孙亮，另立孙休。孙綝重权在握，"一门五侯，皆典禁兵，权倾人主，自吴国朝臣未尝有也"。[1]皇帝孙休自然不能忍受，永安元年（258），利用腊会之机将孙綝杀死。从孙权晚期到孙晧即位之前，东吴的政局始终是动荡不安的。

东吴政治动荡，而与之对峙的曹魏却日益强盛。公元263年，曹魏出兵灭掉蜀汉，此后虽然未立即出兵灭吴，但一直做着灭吴的准备。如曹魏大将邓艾在灭蜀后就向司马昭建议："留陇右兵二万人，蜀兵二万人，煮盐兴冶，为军农要用，并作舟船，豫顺流之事，然后发使告以利害，吴必归化，可不征而定也。"[2]公元266年，司马炎废掉魏帝建立西晋，多次与大臣商议伐吴之事。蜀国被灭，打破了三国鼎立的均势，使孙吴处于西、北两面受攻的劣势。它内部政治不稳，外有强敌威胁，处在危机四伏之中。正是在这种形势下，孙晧登上了帝位。

---

[1] 《三国志》卷六十四《吴书·孙綝传》。
[2] 《三国志》卷二十八《魏书·邓艾传》。

二、治国无能暴虐有余

蜀汉被灭的次年七月，孙晧继孙休之后当上皇帝。孙晧初即位，曾下诏优恤士民，开仓廪赈济贫乏，释放宫女到民间给无妻者，宫中留养供玩赏的禽兽废而放之。史籍记载中曾一度"称为明主"。这是在有关孙晧的记载中，唯一可以称道的德政。但不久，孙晧便放弃了这些做法，而变得粗暴骄盈，多忌讳，好酒色，引起国中上下不满。曾经拥戴他即位的丞相濮阳兴、左将军张布后悔自己认错了人，孙晧便将二人诛杀，依然我行我素。孙晧在位十六年的所作所为，表明他不是一个拨乱反正、转危为安的治世之主，而是一个治国无能、酷暴狂虐的亡国之君。

在用人方面，孙晧特别相信那些献媚取宠的奸佞之人。汝南人何定，原为孙权的一个侍从，后出宫做地方小吏。孙晧即位，何定自表是先帝的旧人，求还内侍。由于他性佞邪，善僭媚，孙晧便任他为楼下都尉，掌管酤酒籴粮之事。为了讨好孙晧，何定要各地诸将进贡好狗，一只狗价值数千匹布。他带兵狩猎，一个兵配一条狗，捕兔以供孙晧食用。国人都以为何定罪应诛黜，而孙晧却认为何定忠勤，赐其列侯之爵。何定恃宠，专门作威作福。少府李勖有女，何定为儿子求其为妻，李勖不答应。何定怀恨在心，在孙晧面前谮毁李勖。孙晧竟然相信，诛杀李勖，并焚其尸。

孙晧当政时，奸佞既然受宠，无辜必然受害。会稽太守车浚，在任有清忠之称。当时会稽郡正值旱荒，百姓无资无粮，车浚请求赈济灾民。孙晧却认为他是借此树立自己的威信，派人将他斩首。尚书熊睦稍有劝谏之词，便被孙晧派人用刀环撞杀。庐江人王蕃，孙晧时为常侍，他为人刚直，不能承颜顺旨，有时不顺孙晧之意，孙晧的嬖臣多次谮毁他。一次孙晧大宴群臣，王蕃饮酒大醉，伏地不能起。孙晧心中不悦，命左右将其推出宫殿斩首。沛郡人楼玄，孙晧时任过会稽太守、大司农等职。后任宫下镇禁中候，主殿中事。他"正身率众，奉法而行，应对切直"，多次不合孙晧之意。有人谮毁他与别人见面时耳语大笑，谤讪政事，孙晧借此将他流放广州，后逼其自杀。会稽人贺邵，孙晧时任左典军、中书令、太子太傅。由于"奉公贞正"，为孙晧亲近所畏惧，经常受到诬告。后来贺邵得了中风，不能说话。孙晧怀疑他装病，将其逮捕，不断拷打，最后将其杀害。吴郡人韦昭，是东吴著名的学者，当时就有人说，讽古今之事没有人能比韦昭，说他在吴国，如汉代的司马迁。孙晧时，韦昭任中书仆射、侍中，领左国史。韦昭不善饮酒，开始孙晧待他好时，常让他以茶代酒。孙晧曾经让韦昭将其父孙和列入本纪，韦昭认为孙和未做过皇帝，应该按照史书体例入列传，因此得罪了孙晧。在一次宴会上，孙晧强逼韦昭大量饮酒，并让他与众臣一起互相嘲弄，揭发私短，以为娱乐。韦昭认为这样做会使大臣互相伤害，彼此仇恨，于治国无益。孙晧认为韦昭不多饮酒，不参加朝中嘲弄揭短的游戏，是不奉诏旨，便将其逮捕下狱，将其杀害。

孙晧如此狂诛滥杀，弄得国中文臣武将人人自危，惶惶如惊弓之鸟，一有风吹草动，即定去就之计。宗室孙秀，孙晧时为前将军，督夏口。对于孙秀握兵在外，孙晧很不放心，民间也盛传着孙秀早晚要遭暗算的说法。建衡二年（270），孙晧派宠臣何定率五千人马到夏口打猎，孙秀以为其名为打猎，实为害己，便连夜带着妻子、亲兵数百人投奔了西晋。宗室孙楷任武卫大将军、京下督等职，孙晧时，永安人施但起义，率兵攻打建业，劫持了孙晧弟弟孙谦。有人说孙楷首鼠两端，不立即发兵救援。孙晧多次谴责孙楷，孙楷常怀忧惧之心。天玺元年（276），孙晧征召孙楷为宫下镇骠骑将军，要他进京任职。这突然的征召，使孙楷感到凶多吉少，他也带着妻子及亲兵数百人投降了晋朝。昭武将军步阐，是东吴老将步骘之孙，步家三代累世为西陵督，凤凰元年（272），孙晧召步阐为绕帐督，步阐自以为失职，又惧怕遭谗毁之祸，也投降了晋朝。许多大臣被杀或者叛逃，使东吴的政治力量受到严重的削弱。

孙晧是一个迷信鬼神的昏君。当时国中有一种传言说："黄旗紫盖见于东南，终有天下者，荆、扬之君乎！"寿春有童谣说："吴天子当上。"孙晧听后，说："此天命也。"随即载其母妻子及后宫数千人，从牛渚陆道西上，号称"青盖入洛阳"，以顺天命。途中遇到大雪，道路十分难走，兵士们身披铠甲，手执武器，百人共拉一车，冻得几乎要死。兵士们全都纷纷议论说："若遇到敌军我们便倒戈。"[①] 孙晧见此情况，才下令返回。国中还有人说："吴之败，兵起南裔，亡吴者公孙也。"孙晧听说后，将国中文武职位直至士兵中凡有姓公孙的，全都迁徙到广州。历阳县有座临水石山，高百丈，传说山上有石

---

① 《三国志》卷四十八《吴书·孙晧传》注引《江表传》。

印，石印封发，天下当太平。当时历阳县长上表说石印发，孙皓便遣人祭祀历山。使者登高梯看印文，报告说山石纹理显二十个字："楚九州渚，吴九州都，扬州士，得天子，四世治，太平始。"①孙皓大喜，说："从大皇帝到我，正好四世，太平之主，不是我还能有谁？"西晋灭蜀后，王濬在蜀地造船准备从上游进攻孙吴，做船的废木片顺流漂下，东吴建平太守拿了这些木片进呈孙皓，说晋必有攻吴之计，宜增兵建平。只要建平不失守，晋军终不敢渡江。孙皓不听，让人占卜，得到的卦是："吉。庚子岁，青盖当入洛阳。"②孙皓见此，越发不理国政，梦想靠天之力进洛阳称帝。

孙皓又是三国有名的暴君。他的爱妾指使手下人到市上劫夺百姓财物，司市中郎将陈声将其正法。妾将此事告诉孙皓，孙皓大怒，借故将陈声治罪，烧锯断其头，将其尸体抛之野外。"宫人有不合意者，辄杀流之。或剥人之面，或凿人之眼。"

孙皓还是一个滥用民力的荒淫之主。他即位后不久，立即大修宫室。史载孙皓营建新宫，令二千石以下的官吏皆自入山督摄伐木。"又破坏诸营，大开园囿，起土山楼观，穷极伎巧，工役之费以亿万计。"③中书丞华覈劝谏说："营建新宫，需征集劳役，老百姓如果不能按期服役，朝廷官府就得兴兵征讨，这就耽误了新宫的营建；如果不兴兵征讨，那么多人聚集在一起，也难免不生疾病。凡人都是如此，遇安则心善，苦

---

① 《三国志》卷四十八《吴书·孙皓传》。
② 《三国志》卷四十八《吴书·孙皓传》。
③ 《三国志》卷四十八《吴书·孙皓传》注引《江表传》。

则怨叛。我们江南精兵，为北方敌人所不及，故以十卒当我们一人。如果新宫建成，病死和叛乱者五千人，则北军实际上就加强了五万；若死叛一万人，则北军益增了十万。生病者有死亡之损失，反叛者传布不满的话语，这是敌人所喜欢的。当今大家正在角力中原，以定强弱，而我们营建新宫，使敌强我损，这是明智之士应该深以为忧的。"华覈这番话把修宫室的危害说得十分透彻，但孙晧却拒不采纳。孙晧不但大修宫室，还广采嫔妃。他派人到各个州郡，取将吏家女以充后宫。还规定二千石大臣子女，"皆当岁岁言名，年十五六一简阅。简阅不中，乃得出嫁"[①]。孙晧已有后宫千数，却仍采选无已。他在位期间，后宫人数达万人，这在三国皇帝中是绝无仅有的。孙晧整日游嬉于后宫之中，沉湎于酒色之娱，哪里还有心思治理国家？在孙晧荒淫残暴统治下，朝中上下离心，国内百姓嗟怨。贺邵描述当时东吴的情况说，自孙晧即位以来，法禁极为严苛，赋调日益频繁；中宫太监，分布州郡，横兴事役，竞造奸利；老幼饥寒，家家面带菜色，有的地方官因怕不能完成朝廷的苛派而负罪，用严法竣刑，强迫人员去办。以致人力不堪，家户离散。又江边戍兵，远当以拓土广境，近当以守界备难，应予以特别的优待，以备战事。如今征发赋调，好像烟至云集，结果士卒衣不全裋褐，食不赡朝夕，士兵出有当锋镝之难，入则有无衣食聊生之戚。是以父子相弃，叛者成行。孙晧把国家搞成这个样子，其被西晋所灭是不可避免的了。

---

① 《三国志》卷五十《吴书·妃嫔传》注引《江表传》。

三、国破身为归命侯

公元279年冬，晋武帝司马炎发兵二十万，分六路大举伐吴。镇东大将军司马伷向涂中，安东将军王浑、扬州刺史周浚向牛渚。这两路军兵锋直指东吴首都建业，形成对建业从西、北、南三面包围的态势，牵制东吴向长江上游派遣援兵。建威将军王戎向武昌，平南将军胡奋向夏口，镇南将军杜预向江陵。这三路军直指东吴长江中游的各重要军事据点，为王濬军从上游直下扫清障碍。龙骧将军王濬、广武将军唐彬浮江东下，配合司马伷、周浚二军从水路进攻建业。大都督贾充总统六军，驻扎襄阳。杜预一路陈兵江陵，派襄阳太守周奇等人率众沿长江西上，十几天内屡克沿江城邑。又派管定等人率奇兵泛舟夜渡，突然出现在吴军要害之地。东吴都督孙歆写信给江陵都督伍延惊呼："北来诸军，乃飞渡江也。"东吴军心大乱，降晋者一万余人。晋军攻上乐乡城，俘虏吴军都督孙歆，接着进兵江陵城。江陵都督伍延假装投降，争取时间布军守城。杜预及时攻城，杀死伍延，于是沅水、湘水以南至于交广，吴之州郡皆望风而降。王浑一路兵至牛渚，孙皓派丞相军师张悌、护军孙震、丹杨太守沈莹率众三万抵抗。沈莹对张悌说："我上流诸军，无有戒备，名将皆死，幼少当任，恐边江诸城，尽莫能御也。晋之水军，必至于此矣。宜畜众力，待来一战，若胜之日，江西自清，上方虽坏，可还取之。今渡江逆战，胜不可保，若或摧丧，则大事去矣。"张悌说："吴之将亡，贤愚所知，非今日也。吾恐蜀兵来至此，众心必骇惧，不可复整。今宜渡江，可用决战力争，若其败丧，则同死社稷，无所复恨。如其克胜，则北敌奔走，兵势万倍，便当乘威南上，逆之中道，不忧不破也。若如子计，恐行散尽，相与坐待敌到，君臣俱降，无复一人死难者，不亦辱乎！"吴国必亡，连最高统帅张悌都十分清楚，希望用寡弱之军侥幸取胜，最终的结果却是吴军大败，张悌、沈莹全都被杀。王濬一路水军七万人乘楼船从蜀中顺江而下。为阻止王濬水军，吴军在长江险碛要害之处，设置了铁锁链来截断江路，又铸造了许多一丈多长的铁锥，暗置江底。对此，王濬早有了解，他于战船出发之前，先派出数十只方百余步的大筏，缚草人于筏上，被甲持杖，令善水者驾驶，使吴军设置的铁锥全部都插到筏子上。又在大船头置长十余丈、大数十围灌满麻油的火炬，遇到铁锁链，燃炬烧之。熊熊大火顷刻便将铁链融化。王濬军所到之处，吴军顷刻土崩瓦解。晋军顺利地克西陵、宜都、荆门、夷道，进至武昌。在武昌的吴军将领陶濬跑回建业，孙晧立即召见，询问晋军情况。陶濬说："蜀船皆小，今得二万兵，乘大船战，自足击之。"孙晧于是集合众军，交陶濬指挥。但早已失去信心的吴军士兵，听说明日要出发，当夜全部逃散。晋王濬军在王戎军的配合下，攻克武昌，接着扬帆东下。孙晧又遣游击将军张象率舟军万人抵抗，但张象军望晋军旗帜便降。晋军旌旗器甲，连天满江，浩浩荡荡直逼吴都建业。此时，王浑、司马伷两路军也打到建业附近。孙晧见大势已去，只好备亡国之礼，素车白马，肉袒面缚，衔璧牵羊，率众臣来到王濬营前投降。

孙晧终于进入洛阳，不过不是张着青盖去洛阳做皇帝，而是作为俘虏去洛阳乞求不死。晋武帝许其不死，赐其为归命侯。晋武帝问孙皓："闻南人好作《尔汝歌》，颇能为不？"皓正饮酒，因举觞唱道："昔与汝为邻，今与汝为臣。上汝一杯酒，令汝寿万春。"①昔日作威作福的君主如今沦为为人举杯祝寿的降臣。孙皓亡国的原因，正如薛莹对晋武帝所说："归命侯臣皓之君吴也，昵近小人，刑罚妄加，大臣大将，无所亲信，人人忧恐，各不自保，危亡之衅，实由于此。"②唐吴筠有诗描写说：

炎精既失御，宇内为三分。吴王霸荆越，建都长江滨。爰资股肱力，以静淮海民。魏后欲济师，临流遽旋军。岂惟限天堑，所忌在有人。惜哉归命侯，淫虐败前勋。衔璧入洛阳，委躬为晋臣。无何覆宗社，为尔含悲辛。……③

---

① 《世说新语笺疏》卷下《排调》，中华书局，1983年，第918页。
② 《三国志》卷五十三《吴书·薛综传》注引干宝《晋纪》。
③ ［清］彭定求等编：《全唐诗》卷八五三《吴筠·建业怀古》，中华书局，1960年，第9649页。